# DAYANA SOUZA

Literare Books
INTERNATIONAL
BRASIL · EUROPA · USA · JAPÃO

# VOA

Copyright© 2024 by Literare Books International
Todos os direitos desta edição são reservados à Literare Books International.

**Presidente:**
Mauricio Sita

**Vice-presidente:**
Alessandra Ksenhuck

**Chief Product Officer:**
Julyana Rosa

**Diretora de projetos:**
Gleide Santos

**Capa, projeto gráfico e diagramação:**
Gabriel Uchima

**Revisão:**
Maria Catharina Bittencourt

**Chief Sales Officer:**
Claudia Pires

**Impressão:**
Gráfica Paym

---

**Dados Internacionais de Catalogação na Publicação (CIP)**
**(eDOC BRASIL, Belo Horizonte/MG)**

S729v  Souza, Dayana.
   Voa / Dayana Souza. – São Paulo, SP: Literare Books International, 2024.
   272 p. : 14x 21 cm

   Inclui bibliografia
   ISBN 978-65-5922-776-1

   1. Autoconhecimento. 2. Sucesso. 3. Motivação. I. Título.
   CDD 158.1

**Elaborado por Maurício Amormino Júnior – CRB6/2422**

---

Literare Books International.
Alameda dos Guatás, 102 – Saúde– São Paulo, SP.
CEP 04053-040
Fone: +55 (0**11) 2659-0968
site: www.literarebooks.com.br
e-mail: literare@literarebooks.com.br

MISTO
Papel produzido a partir de fontes responsáveis
FSC
www.fsc.org
FSC® C133282

Para Maria Eduarda

*"Cair em si não é tropeço, é voo."*
**Zack Magiezi**

# SUMÁRIO

**I**
**MACTE ANIMO** ................................................. 7

**II**
**PROCEDIMENTOS NORMAIS** ............................... 23

**III**
**TEORIA DE VOO** ............................................... 55

**IV**
**NINHO DAS ÁGUIAS** ........................................ 145

**V**
**PROCEDIMENTOS DE EMERGÊNCIA** ..................... 193

**VI**
**AD ASTRA** ..................................................... 263

# I
# MACTE ANIMO

## PARTE I – MACTE ANIMO

Nos corredores da Academia da Força Aérea – AFA há uma frase que diz:

### "MACTE ANIMO! GENEROSE PUER, SIC ITUR AD ASTRA"

Escrita em latim, a frase lema da AFA significa: "Coragem jovem, é assim que se alcança os céus."

Em letras enormes e estrategicamente posicionada para ser vista todos os dias pelos cadetes, essa frase me motivou a seguir em frente nos dias mais difíceis e era um lembrete do que eu mais precisava: coragem.

O voo é uma postura diante da vida que pede: **Coragem!**

Na parede da sala do cadete solo do Segundo Esquadrão de Instrução Aérea, uma pintura simboliza as primeiras instruções aéreas dos cadetes recém-chegados. É a figura de um pica-pau (instrutor de voo) dando um pontapé no filhote (aluno). Ela ilustra que um pássaro nasceu para voar, mas às vezes ele precisa de um empurrãozinho para sair do ninho. Meu desejo é que este livro seja o empurrão que fará você sair do ninho, abrir suas asas e aprender a voar.

Somos assim. Sonhamos o voo, mas tememos as alturas. Para voar é preciso amar o vazio. Porque o voo só acontece se houver o vazio. O vazio é o espaço da liberdade, a ausência de certezas. Os homens querem voar, mas temem o vazio. Não podem viver sem certezas. Por isso trocam o voo por gaiolas. As gaiolas são o lugar onde as certezas moram.

É um engano pensar que os homens estariam livres se pudessem, que eles não são livres porque um estranho os engaiolou, que se as portas das gaiolas estivessem abertas eles voariam. A verdade é o oposto. Os homens preferem as gaiolas ao voo. São eles mesmos que constroem as gaiolas onde passarão as suas vidas.

**Rubem Alves**

Este livro é para você que sonha o voo, mas ainda teme a altura. Para você que quer voar, mas por algum motivo ainda escolhe a gaiola.

É um convite para o voo livre. O seu voo da liberdade. Para isso, você precisa abrir a porta da gaiola. A chave sempre esteve guardada com você.

A porta do voo só abre do lado de dentro.

Então, abra a porta.

É tempo de liberdade.

Alcançar os céus é o que você merece.

Que esta frase ecoe na sua mente e reverbere no seu coração sempre que a dúvida ameaçar aparecer:

"MACTE ANIMO! GENEROSE PUER,
SIC ITUR AD ASTRA"

## PARTE I - MACTE ANIMO

### Você é passageiro ou piloto da própria vida?

Imagine que você está num avião de pequeno porte aproveitando o voo na sua poltrona de passageiro, quando de repente o piloto passa mal. E agora, o que você faria?

Pois uma situação idêntica a essa ocorreu nos Estados Unidos. Após o piloto passar mal em voo, o passageiro a bordo sem nenhuma experiência em pilotagem assumiu o comando de uma pequena aeronave e com a ajuda da torre de controle do Aeroporto Internacional de Palm Beach, na Flórida, conseguiu pousá-la em segurança.

Felizmente, o passageiro manteve a calma e conseguiu falar com os órgãos de controle. O controlador de tráfego aéreo que também era instrutor de voo ajudou o passageiro a pousar o avião, um Cessna Grand Caravan 208. Apenas ele e o piloto estavam a bordo.

E se essa situação acontecesse com você? Você seria capaz de assumir os comandos e pousar em segurança?

A verdade é que essa situação se repete todos os dias. São inúmeros passageiros de aviões desgovernados. Aviões prestes a cair porque eles não sabem que precisam sair da poltrona confortável do passageiro e assumir o lugar de piloto da própria vida. Mas de nada adianta assumir os comandos e não saber como voar.

Aquele passageiro só foi capaz de pousar o avião porque recebeu instruções de voo do controlador. Para voar, você também vai precisar de instruções de voo e é isso que você vai receber neste livro.

### O que é ser piloto da própria vida?

É estar no comando do rumo da sua vida. É ter a liberdade de fazer suas próprias escolhas. É saber sua verdadeira identidade. É voar alto. É ser quem você nasceu para ser.

Só você pode pilotar a sua própria vida. Você é o único capaz de retirar as travas dos comandos, decolar seu avião, definir seu nível de voo e o destino do seu sucesso, ninguém mais.

Ser piloto da própria vida é voar o seu voo de liberdade. É praticar uma vida intencional. É viver o agora. É voar sem ter medo de cair.

## O incômodo antecede o voo

Quando os filhotes estão prontos para voar, a águia retira a palha que deixava o ninho macio, ficando ali somente os espinhos. Ela quer provocar um incômodo nos filhotes para que eles desejem sair do ninho. A águia então começa a dar lições de voo para os filhotes. Quando eles estão prontos, ela os lança nos céus, mas vai em sua busca. Ela espera que eles consigam voar, mas caso eles não consigam, ela os apanha sobre suas asas.

Esse desconforto que você sente é um sinal que você vai voar.

Essa inquietude, essa busca constante, esse incômodo no seu ninho é um sinal de que o voo está próximo.

E mesmo que você não se sinta pronto, não se preocupe. Você tem um pai que irá em sua busca para apanhá-lo com suas asas.

Tire o pé do chão, Deus está ensinando-o a voar.

## A escolha de voar é sua

*Metade de mim quer voar, a outra metade não sabe que possui asas...*

Conta a fábula que um fazendeiro descobriu um ninho de águia contendo um único ovo na árvore de sua propriedade. Percebendo que a águia havia sido baleada, ele carregou o ovo cuidadosamente, levou-o ao celeiro e colocou-o sob uma galinha chocando.

## PARTE I - MACTE ANIMO

Semanas depois, o ovo se abriu e uma bela águia nasceu. No entanto, a pequena águia foi criada como uma galinha e passou a acreditar que era mais uma ave do galinheiro da fazenda. Ela passava o tempo arranhando o solo em busca de sementes, procurando vermes e cacarejando sem sentido. A águia amava seu lar e sua família, mas, intimamente, seu espírito sonhava com algo mais.

Um dia, uma sombra escura e agourenta caiu sobre o curral. Apavorada, a águia fugiu para se abrigar com seus companheiros. Olhando para cima, a águia viu as asas estendidas de um enorme pássaro que se movia sem esforço em círculos graciosos enquanto deslizava nas correntes de ar quente. Encantada com a majestade de um pássaro tão grande e poderoso, ela se virou para a galinha ao lado dele e perguntou: "O que é isso?"

"Aquele", disse seu companheiro, "é o rei dos pássaros. Seu reino é o céu. Ele controla o ar. É chamado de águia. Somos galinhas. Pertencemos ao solo."

A águia olhou para o pássaro e viu suas semelhanças com ele. Olhou para as galinhas e, pela primeira vez, viu como era diferente delas. A águia agora tinha uma escolha. Ela poderia viver e morrer como uma galinha no galinheiro do quintal ou poderia abrir suas asas e voar alto com a majestade, habilidade e poder daquele grande pássaro.

Você está diante dessa escolha agora. Solo ou céu, a escolha é sua.

Você sabe que é uma águia, mas caso queira escolher continuar vivendo como as galinhas, volte para sua vida confortável e segura e não continue a leitura deste livro. Ele é apenas para aqueles que decidiram voar e viver a vida que nasceram para viver.

Saiba que a escolha de ser águia trará algumas renúncias.

Você vai perder algumas amizades antigas, porque águia não anda com galinha. Você deixará o conforto do galinheiro para voar muitas vezes dentro de tempestades. No entanto, seu voo será o mais alto de todas as aves.

Deus o chama para ser águia. Deus trabalha no mundo por intermédio das pessoas através do seu chamado. Ele quer agir na vida das pessoas disfarçado de você.

Como você responde a esse chamado?

Você nasceu com asas, mas a escolha de voar é somente sua.

Você escolhe ciscar ou voar?

## O PLANO DE VOO É PARA HOJE

*"Se não agora, quando?"*
**Hilel, o ancião**

Para um avião voar, o piloto precisa obrigatoriamente apresentar um Plano de Voo, que é um documento que fornece algumas informações essenciais aos órgãos que prestam serviços de tráfego aéreo.

A principal finalidade do plano de voo é minimizar as possibilidades de colisão em pleno voo. Por isso, o piloto fornece informações do aeródromo de decolagem e de destino, o aeródromo alternativo, o consumo de combustível, os detalhes da rota, o tempo de voo, o número de pessoas a bordo, as regras de voo, entre outras.

Um detalhe importante é que um plano de voo apresentado não é válido por muito tempo, ele é válido por apenas 45 minutos a partir da EOBT (hora estimada de calços fora), que é a hora prevista para a aeronave iniciar a sua movimentação no solo que antecede a decolagem.

Muitas pessoas têm a prática de fazer planos para depois, para o futuro, e nunca fazem planos para hoje, para agora. Mas se a vida acontece agora, não faz sentido eu fazer plano para depois, porque esse depois nunca chega. Nós só temos o hoje.

Em Salmos 90:10 Davi diz que "Os anos de nossa vida chegam a setenta, ou a oitenta para os que têm mais vigor; entretanto, são anos difíceis e cheios de sofrimento, pois a vida passa depressa, e nós voamos."

Deus diz que a nossa vida é breve como o sono, como a relva que brota ao amanhecer; germina e brota pela manhã, mas, à tarde, murcha e seca.

Então por que você está adiando a sua vida para depois?

Você está deixando para depois do que exatamente?

Que condição ideal é essa que você vem colocando para viver o seu sonho, mas que, na verdade, está sendo um impedimento para o seu voo?

Para quando seus filhos crescerem, quando você se aposentar, quando conseguir juntar dinheiro, quando tiver tempo? Perceba que colocamos tantas condições para o momento ideal, perfeito, em que temos todas essas situações no controle, mas no final não é assim que funciona.

Quem disse que esse futuro vai existir?

Quem disse que você vai viver até lá? Que terá saúde e disposição para fazer isso que você quer fazer.

Quem disse que sua vida vai ser mais tranquila do que é hoje? Que você vai ter esse tempo todo que você acha que vai ter? Eu tenho parentes que já se aposentaram e vivem com a agenda cheia de consultas médicas e exames, por exemplo.

É uma ilusão pensarmos que um dia teremos tudo isso que não temos hoje.

Não adie seus sonhos para um futuro incerto. Não podemos viver esperando a felicidade chegar "quando tivermos mais tempo", "quando os filhos forem grandes", "quando eu me aposentar", "quando juntar dinheiro". A vida é um sopro. A vida vai passar e você não vai nem perceber.

A verdade é que você não depende de nenhuma dessas coisas acontecerem, porque esses planos para o futuro são como o plano de voo que só tem validade de 45 minutos. Ou seja, os planos para depois não existem, porque o plano é só para hoje. A validade do seu plano é para agora e já está correndo.

A única coisa a se fazer é preencher esse plano de voo de forma que ele se aplique hoje, agora. Porque é só o agora que nós temos.

Quais sonhos Deus colocou no seu coração e você está adiando para depois?

Certa vez, li uma reflexão na minha Bíblia de estudos que dizia "a produtividade da sua vida é um empreendimento cooperativo envolvendo você e Deus."

Ou seja, Deus está nesse empreendimento junto com você. Ele quer cooperar com você, através de você, usando você.

Como você pode começar esse empreendimento com Deus?

Se acha que não tem tempo, crie tempo, priorize. Se a vida está muito agitada, elimine coisas que não são essenciais, comece a dizer não.

Se tem filhos, inclua seus filhos nos seus projetos, nos seus sonhos.

E tenha certeza de que os sonhos de Deus são maiores que os seus. A primeira coisa que você precisa fazer é preencher o plano de voo de hoje:

Que pequeno passo você pode dar hoje em direção ao seu sonho?

**PARTE I - MACTE ANIMO**

## O VOO DA LIBERDADE

> *"Mais bonito que o canto dos pássaros, são os seus voos. Nem todo canto é de alegria, mas todo o voo é de liberdade."*
> **Mário Quintana**

Quando meu sobrinho Lucas estava aprendendo a andar, fui a tia que representava a liberdade para ele. Eu o deixava andar sozinho, escolher o caminho, explorar o que tivesse vontade.

Eu tentava protegê-lo andando pelas laterais para evitar uma queda, mas os tombos eram inevitáveis. E mesmo caindo e se machucando algumas vezes, ele ainda preferia a liberdade, mesmo que ela custasse alguns arranhões. A liberdade tem seu preço, mas se estivermos dispostos a pagar, valerá o quanto custar.

Nós também somos como o Lucas. Queremos voar porque voar é entender o mais profundo sentido da palavra liberdade.

É se livrar de travas, correntes, gaiolas que nos aprisionam. Voar é trazer para o mundo a relevância da sua existência.

Liberdade é voar por espaços que vão ao encontro dos nossos sonhos. Mas para aprender o que é liberdade, é preciso descobrir quais são suas prisões.

Por isso o preparo para o voo começa a partir do autoconhecimento, pois é através dele que eu descubro o que ainda me segura no chão. Eu preciso descobrir o que me trava, para então destravar e enfim decolar.

E quando descobrir isso, você será muita liberdade para quem não sabe voar.

> *"Foi para a liberdade que Cristo nos libertou. Portanto, permaneçam firmes e não se deixem submeter novamente a um jugo de escravidão."*
> **Gálatas 5:1**

O VENTO
SEMPRE
ESTÁ BOM.

## Voar pelo prazer de voar

Meu primeiro contato com a aviação foi no Clube de Voo a Vela da AFA. Foi num planador que eu tive as minhas primeiras aulas de voo e fiz meu primeiro voo solo.

O voo a vela é o voo dos apaixonados pela aviação. É o mais parecido com o voar dos pássaros, pois é silencioso e suave. É muito prazeroso, tanto que o lema do Clube de Voo a vela é "Voar pelo prazer de voar". Eu adorava deslizar pelos céus ouvindo apenas a quietude do silêncio. Era uma sensação deliciosa, uma paz absoluta mesmo sabendo que o avião "está caindo" porque não tem motor. Calma, eu explico.

O planador voa aproveitando as forças da natureza para ganhar altura e percorrer grandes distâncias.

Ele decola com a ajuda de um rebocador que o reboca utilizando um cabo conectado entre os dois e voa graças às correntes atmosféricas ascendentes (térmicas).

Funciona assim: o avião rebocador puxa o planador até uma altura de 600 a 800 metros. Atingindo a altura determinada, o piloto do planador comanda o desligamento, soltando o cabo que o ligava ao rebocador, desconectando-se do avião. Assim que o planador é desconectado, ele começa a perder altura porque como não tem motor, ele começa a cair. Para permanecer mais tempo voando, o piloto precisa buscar as térmicas, que são as correntes ascendentes que permitem que ele ganhe mais altura e se mantenha em voo por mais tempo.

Um voo sem térmicas, só caindo, durava menos de 15 minutos. Já quando conseguíamos pegar boas térmicas num dia bem quente, era possível ficar voando por duas horas, três horas, ou mais. O recorde brasileiro é de 10 horas e 30 minutos e 1.100 km percorridos.

O objetivo dos pilotos sempre foi conseguir permanecer voando o máximo de tempo possível, pois além de curtir mais o voo, nós ainda acumulávamos mais horas de voo.

Com o planador, eu aprendi a buscar os ventos favoráveis para mim em vez de esperar as condições favoráveis.

Talvez você não esteja voando porque insiste em permanecer parado esperando que o vento esteja favorável.

A verdade é que o vento é o mesmo para todos. A diferença é como você vai agir em relação ao vento. Reclamar do vento não muda a condição dele.

O vento sempre está bom para quem tem aerodinâmica. O vento sempre está bom para quem sabe usá-lo a seu favor. Vá buscar seus ventos, vá buscar suas térmicas.

"O vento está bom" significa que não devemos olhar para as circunstâncias, mas sim entender que todas as coisas cooperam para o nosso bem.

O vento sempre está bom para quem está pronto para decolar.

Tudo que está acontecendo à sua volta é ventania. Cabe a você decidir o que vai fazer com ela.

Para quem sabe voar, até mesmo o vento contra é favorável, já que a decolagem e o pouso são feitos contra o vento. Portanto, esse vento contra você não é para derrubá-lo, é para você pegar seu avião, aproar o vento e decolar.

O vento contra serve para lhe mostrar que você precisa ser forte e deixar que ele leve o que não lhe pertence e deixe só aquilo que o preenche. Aproveite os "ventos de cauda" para chegar ainda mais rápido.

Chegou a sua vez.
Decolagem Autorizada.

## BRIEFING DE DECOLAGEM

Realizaremos uma decolagem normal da pista em uso.

Com a potência do seu coração a pleno realizaremos as ações necessárias para decolagem.

Seu movimento fará ganharmos velocidade e seu porquê nos dará sustentação.

Faremos a subida com curva suave à direita cumprindo o perfil de saída da sua carta de voo dos sonhos.

Suas atitudes o levarão para a altitude programada e manteremos o voo de cruzeiro até o destino.

Em caso de pane antes da rotação, freios aplicar para uma breve pausa para olhar para dentro.

Após a rotação, abaixo de 500 pés, POUSAR EM FRENTE; com os recursos que você tiver no momento.

Pane acima de 500 pés, SELECIONAR ÁREA PARA POUSO; desviando dos obstáculos que aparecerem no caminho.

Excelente voo para nós!

# II
# PROCEDIMENTOS NORMAIS

## Nunca se contente em rastejar quando você pode voar

Todos nós nascemos com asas, mas nem todos sabem como voar, por isso algumas pessoas se contentam em rastejar quando poderiam estar voando.

Essas pessoas estão rastejando por não saberem voar. Vivem uma vida de rastejo emocional e espiritual, sentem-se sem vida, sem ânimo e sem alegria. Elas não possuem mais curiosidade pela vida, perderam a esperança e não celebram mais nada.

Já as pessoas que aprenderam a usar suas asas estão voando em todas as áreas da sua vida. São verdadeiramente prósperas, estão cumprindo sua missão, acordam empolgadas, sentem gratidão nas pequenas coisas, celebram a vida e se sentem vivas de verdade.

Mas existe ainda uma vida no meio do caminho, em que não se rasteja nem voa. Essa é a vida nivelada. É uma vida confortável, onde você tem seu trabalho, consegue pagar suas contas, tem a sua família, mas nada é incrível, é tudo mais ou menos, meio morno. Seu trabalho paga suas contas, mas não lhe traz realização. Você tem um relacionamento, mas não tem conexão. Você tem saúde, mas não tem disposição.

Quem vive a vida nivelada não se sente vivo de verdade. Parece que falta alguma coisa.

Eu já vivi essa vida nivelada. Eu era piloto militar da Força Aérea Brasileira e aos olhos dos outros eu estava voando na vida, mas aos meus olhos não. Era como se eu tivesse pegado o voo errado na vida.

É difícil identificar a vida nivelada porque você está relativamente bem, mas a verdade é que você também está rastejando. A vida nivelada é a vida de rastejo disfarçada.

Muitas vezes não conseguimos identificar a vida nivelada, porque os sinais são sutis e até considerados normais no mundo atual, como torcer pela sexta-feira e sofrer no domingo à noite. Ou apertar o botão soneca mil vezes antes de se levantar pela manhã. Eu vivia assim, não celebrava mais nada, não tinha mais brilho nos olhos, nem alegria de viver.

Apesar de todos a sua volta acharem que você está voando, feliz, bem-sucedido nas suas conquistas, no fundo sabemos que isso não é verdade e até nos sentimos culpados por nossa insatisfação.

É um perigo nivelar na vida, porque na natureza, ou você está crescendo ou morrendo. E se você nivelou na vida, você está morrendo um pouquinho a cada dia.

Nem a vida de rastejo, nem a vida nivelada é viver de verdade. Não foi para nenhuma dessas vidas que Deus o criou. Ele o fez para o voo. Ele tem um plano de voo para você.

> *"Porque sou eu que conheço os planos que tenho para vocês, diz o Senhor, planos de fazê-los prosperar e não de causar dano, planos de dar a vocês esperança e um futuro."*
> **Jeremias 29:11**

Por isso, não se contente em rastejar quando você pode voar.

## Chegou a sua hora de voar

Você nasceu para voar. Pode ser que você não acredite nisso ainda. Pode ser que você tenha tentado sair do chão algumas vezes sem sucesso. Talvez você tenha medos e inseguranças que impedem você de usar suas asas. Talvez você pense que não é bom o suficiente, que não tenha nada de especial e que os outros são melhores que você.

Porém eu quero lhe mostrar que esses pensamentos são apenas pensamentos e não correspondem à realidade. Você só ainda não descobriu a verdade.

O seu avião ainda está com calços. Os seus comandos ainda estão com travas. O peso do avião está acima do peso máximo de decolagem. Você ainda não preencheu seu plano de voo. Você nem sabe qual é o aeroporto de destino. Seu avião está sem combustível. A sua tripulação não está em unidade com você. Você não acessou a frequência correta. A sua fraseologia está errada. Você não tem autorização da Torre de Controle.

Você é a única pessoa responsável por esse avião estar no solo. A boa notícia é que isso significa que tirar esse avião do chão só depende de você. Só depende da sua decisão. Quando você descobre isso, você retira os calços, destrava os comandos, joga fora o excesso de bagagem, preenche o plano de voo, abastece o avião com o combustível de qualidade, ajusta a frequência, troca a fraseologia, fala com a Torre de Controle e decola.

Chegou um tempo novo na sua vida. Chegou a sua hora de voar.

## Assuma a posição de piloto da sua vida

*"Todos nós estamos aqui com um único objetivo: para crescer em sabedoria e aprender a amar mais. Podemos conseguir isso por meio da perda ou do ganho, por ter ou não ter, por alcançar êxito ou falhar. Tudo o que precisamos*

> *fazer é comparecer às aulas com o coração aberto. Assim, cumprir o objetivo da vida pode depender mais de como jogamos do que das cartas que nos couberam."*
> **Rachel Naomi**

No Brasil, quase tivemos um 11 de setembro, que nesse caso seria um 29 de setembro ocorrido treze anos antes.

Raimundo Nonato havia sido demitido de uma obra em que trabalhava como tratorista e estava passando dificuldades financeiras por não conseguir outro emprego. No final da década de 80, o Brasil enfrentava uma péssima fase econômica com elevados índices de desemprego e inflação.

Vendo sua vida se deteriorar, o maranhense de 28 anos resolve eleger um culpado pela má situação pela qual ele e o país passavam: o então presidente da República José Sarney.

Ele então declara vingança ao presidente, mesmo que seus planos lhe custassem a própria vida.

Para isso sequestrou o Boeing 737-300 da Vasp – voo 375 planejando jogá-lo no Palácio do Planalto, em protesto contra o presidente José Sarney, por julgar que seu conterrâneo não prendia os corruptos e nem acabava com a inflação.

Raimundo embarcou no voo VASP-375 portando um revólver calibre 32. Na época, os aeroportos não eram equipados com aparelhos de raios-x e detectores de metal, o que permitiu a passagem livre do homem armado.

O voo, que vinha de Porto Velho e fazia escala em Belo Horizonte, decolou às 10h52 e cerca de 20 minutos após a decolagem, com o avião já no espaço aéreo do Rio de Janeiro, Raimundo Nonato anunciou o sequestro exigindo entrar na cabine e baleando o comissário Ronaldo Dias, quando este tentou impedi-lo.

Naquela ocasião, a porta da cabine das aeronaves não era blindada e Raimundo disparou diversos tiros contra ela. Um desses tiros acabou acertando o tripulante extra, Gilberto Renhe, que teve a perna fraturada.

Outro disparo acertou o painel do avião, o que fez com que a tripulação optasse por abrir a porta a fim de parar os disparos.

Imediatamente e sem que o sequestrador percebesse, o piloto Fernando Murilo de Lima e Silva inseriu o código 7500 no *transponder*, comunicando aos controladores que o avião estava sob interferência ilícita (sequestro).

Enquanto isso, o copiloto Salvador Evangelista ao tentar responder ao controle de tráfego aéreo pelo rádio foi baleado na nuca pelo sequestrador e morreu na hora. Em seguida, Raimundo apontou o revólver para o piloto e exigiu que a aeronave fosse desviada imediatamente para Brasília.

Mesmo após ver seu copiloto morto, o comandante Fernando Murilo, com enorme controle emocional consegue enganar o sequestrador simulando que as condições de visibilidade não eram boas para aproximação em Brasília (ele posicionou a aeronave de forma que as nuvens esconderam Brasília e o sequestrador pensou que a cidade estivesse mesmo encoberta pelas nuvens).

Raimundo então desiste de jogar o avião contra o Palácio do Planalto, porém não aceita que o comandante pouse o avião (que naquele momento já estava quase sem combustível) no Aeroporto Internacional de Brasília e na Base Aérea de Anápolis.

O voo prossegue então para Goiânia e a Força Aérea aciona um Mirage III para interceptar e acompanhar o voo. Raimundo ainda tenta levar o Boeing para São Paulo, mas foi alertado pelo comandante que não havia combustível para isso. Momentos depois, um dos motores do avião falha e o comandante tenta sua cartada final contra o sequestrador. Ele executa duas manobras acrobáticas – nunca feitas com um avião daquele porte repleto de passageiros – com a intenção de desequilibrar o sequestrador e pousar a aeronave. A estratégia funcionou e Raimundo acabou sendo jogado para longe da cabine, mas assim que o avião estabilizou conseguiu ficar de pé e empunhar novamente a arma.

Finalmente, às 13h45, o piloto pousou em segurança no Aeroporto Internacional Santa Genoveva, em Goiânia. Mas o pesadelo estava longe de acabar. Em terra, o sequestro e as negociações continuaram ainda por várias horas.

Raimundo Nonato chegou a exigir um avião menor para fugir, mas por volta das 19 h, quando descia a escada do avião usando o comandante como escudo, foi baleado três vezes pela equipe de elite da Polícia Federal, vindo a falecer alguns dias depois, vítima de anemia falciforme, sem relação com os disparos segundo laudo pericial.

Esse foi o sequestro mais notório ocorrido no Brasil, mas graças a perícia e controle emocional do comandante Fernando Murilo não se concretizou.

O que essa história nos ensina?

Ela nos ensina que quando uma pessoa não assume a posição de piloto da própria vida, ela quer encontrar culpados para a situação que ela vive, sem se dar conta de que a única pessoa capaz de voar o seu avião é ela mesma.

Raimundo Nonato quis encontrar um culpado para o seu desemprego, quando ele era o único responsável. Muitas pessoas também estão buscando culpados para a situação em que se encontram. Culpam o governo, culpam os pais, culpam a família, mas não percebem que são as verdadeiras responsáveis pelas escolhas que fizeram até aqui. E só elas mesmas são capazes de fazer escolhas diferentes que trará resultados diferentes daqui para frente.

Infelizmente no Brasil nós possuímos essa cultura de vitimização muito forte. Boa parte disso se deve ao controle político de certos governos, que se beneficiam em manter uma parcela da população dependente do Estado, garantindo assim, sua manutenção no poder. Se uma grande porcentagem do eleitorado mais pobre vota em determinado partido, qual a vantagem em tirar essas pessoas da pobreza? Por isso, nunca oferecem a essas pessoas a opção do protagonismo de suas vidas, pelo contrário, incentivam a insatisfação constante, fomentam a luta de classes (ricos x pobres), a guerra dos sexos (homens x mulheres), o racismo (brancos x negros), etc.

Soma-se a isso o fato de que aparentemente é muito mais fácil para o indivíduo apegar-se a movimentos coletivistas por sentirem-se representados em sua insatisfação, elegendo assim um culpado para o seu problema do que assumir a responsabilidade para si e resolver a própria vida.

Foi o que confessou Betty Friedan, uma famosa militante feminista nos EUA: "Era mais fácil para eu começar o movimento das mulheres do que mudar a minha própria vida."

Perceba que todos esses movimentos das minorias são políticos e esquerdistas e o que todos têm em comum é o forte sentimento de vitimização e consequentemente um desejo de vingança, uma busca pelo "acerto de contas".

Talvez você tenha caído nessa narrativa e hoje culpa várias pessoas pela vida que leva, mas eu quero lhe dizer uma verdade: ser vítima é uma escolha. Podemos deixar que as adversidades nos definam, nos consumam, ou podemos aceitar as extraordinárias habilidades que temos nessa vida para criar o resultado que escolhemos para nós mesmos.

Estar no comando da sua vida é parar de responsabilizar os outros pelos seus fracassos. Assumir a cadeira de piloto da própria vida é assumir a responsabilidade de suas escolhas. É pegar o manche e manobrar seu avião para retirá-lo dessa situação adversa em vez de entrar no avião de outra pessoa com o objetivo de derrubar quem você resolveu culpar.

Assumir a posição de piloto é não culpar nada nem ninguém pela vida que leva e só quando fizer isso estará apto a realizar seu próprio voo.

## Tá comigo!

Exceto quando o piloto está voando solo nos aviões que permitem essa possibilidade, sempre existem dois pilotos numa aeronave.

Muito embora cada piloto tenha a sua função a bordo, os dois pilotos não comandam o voo ao mesmo tempo. Normalmente enquanto um voa a aeronave, o outro fala no rádio. Então, para sinalizar quem é o piloto em comando num determinado momento existe a fraseologia: "Tá comigo!"

Ao que o outro piloto responde: "Tá contigo!"

Dizer "Tá comigo" é tomar a atitude de assumir o manche da sua vida. É dizer: Basta! É assumir a responsabilidade e agir.

Tá contigo!

## A mente antiaérea e a mente VOA

> *"Já faz algum tempo que a vida me ensinou a voar, então é inútil tentar tirar o meu chão."*
>
> **Ney Mombach**

Você certamente já deve ter assistido alguma cena de filme de guerra em que a defesa antiaérea de um local dispara mísseis nas aeronaves da Força Aérea inimiga.

Na Segunda Guerra Mundial, a artilharia antiaérea alemã era chamada de Flak, abreviação de *Flugabweherkanone*, nome muito complicado para os brasileiros, por isso decidiram encurtar essa palavra enorme e usar apenas Flak. Inclusive eles eternizaram esse nome Flak na canção da aviação de caça:

*Passei o Carnaval em Veneza*
*Levando as bombinhas daqui*
*Caprichei bem o meu mergulho*
*Foi do barulho, o alvo eu atingi*

*A Turma de lá atirava*
*Atirava sem cessar*
*E o pobre Jambock pulava*

*Pulava e gritava sem desanimar*
*Assim*
*Flak, Flak, este é de quarenta*
*Flak, Flak, tem ponto cinquenta*

*Um Bug aqui um Bug lá*
*Um Bug aqui um Bug lá*
*Senta a Púa minha gente*
*Que ainda temos que Estreifar*

Essa canção "Carnaval em Veneza" narra um dia importante do 1º Grupo de Aviação de Caça (1º GAvCa) na Segunda Guerra Mundial: uma missão de bombardeio muito bem-sucedida, mas que quase acabou mal, pois ao atacarem também duas posições de artilharia antiaérea, causou uma certa fúria nos alemães, que responderam com fogo pesado a esse ataque.

Era uma Quarta-Feira de Cinzas e ao regressarem da missão tocava a canção "Funiculi Funicula", música semelhante ao nosso "Carnaval em Veneza", uma marchinha de grande sucesso na época. Nesse instante, surgia a ideia de registrar esse importante dia em forma de canção e ela é tão emblemática que se tornou o hino oficial da aviação de caça da FAB.

O principal objetivo de uma artilharia antiaérea é derrubar o avião e é exatamente isso que sua mente quer fazer com seus planos e sonhos.

Existem dois tipos de mentes: a Mente Antiaérea e a Mente VOA.

A sua Mente Antiaérea é como uma artilharia antiaérea, que bombardeia pensamentos negativos contra sua aeronave. Ela é contra tudo relacionado ao voo e produz muitos pensamentos que limitam seu voo.

Ela não faz isso por maldade, mas para proteger você de alguma situação negativa que você viveu. Por isso, ela sempre tenta mantê-lo no solo.

Já a Mente VOA é aquela que dá asas aos seus sonhos, traz encorajamento e motiva você a perseguir seus objetivos.

Meu maior exemplo de Mente VOA é a minha mãe. Posso dizer que ela foi a minha primeira instrutora de voo. Com ela, eu aprendi que voar era possível.

Minha mãe, dona de casa com três filhos pequenos, vendo que a situação financeira da nossa família não era suficiente, começou a pensar em trabalhar para complementar a renda da casa. No entanto, ela não queria qualquer trabalho. A condição principal era que ela pudesse trabalhar e cuidar dos filhos ao mesmo tempo.

Ela sempre colocou a família em primeiro lugar e seu papel de mãe era sua prioridade.

Um dia, meu pai, que era motorista de ônibus de turismo, chegou em casa com uma ideia: "por que você não faz excursão?" – perguntou ele.

E minha mãe, mesmo sem saber muito bem como ela faria uma excursão, decidiu aceitar a sugestão do meu pai.

Naquele momento, eu percebo que minha mãe tinha uma mente VOA. Ela não sabia como fazer excursões, não era guia de turismo, não fazia a menor ideia de como começar, mas ela decidiu aprender tudo isso. Ela se matriculou num curso de guia de turismo no SENAC e começou a organizar as próprias excursões.

Essa é uma das principais características da Mente VOA, a de buscar aprender, se desafiar e fazer acontecer.

Se ela tivesse a Mente Antiaérea ela olharia para a condição dela de mãe de três filhos pequenos e usaria como desculpa para não fazer nada.

Mas como ela tinha a Mente VOA, ela voou! E aqui eu aproveito para abrir um parêntese para um pensamento equivocado que muitas mulheres possuem de que filhos atrapalham. Filhos não atrapalham, filhos impulsionam. Foram meus dois irmãos os responsáveis por levar a agência da minha mãe muito mais longe do que ela jamais sonhou. Minha irmã fez faculdade de turismo e meu irmão trouxe a inovação tecnológica para a agência, expandindo o alcance das viagens. Ele criou um sistema tão bom que hoje é usado por outras agências de turismo também. Graças aos filhos, a empresa da minha mãe ganhou projeção e hoje ela é referência no turismo com a terceira idade no Rio de Janeiro. Os filhos são sempre uma bênção. Eles são herança, eles são flechas e vão aonde os pais não podem ir. Uma mãe de verdade sabe onde deve estar sua prioridade. Ao priorizar sua família, Deus honrou a minha mãe dando a ela um negócio bem-sucedido.

A mente antiaérea é a mente que evita desafios, que desiste facilmente, que acredita que não é bom o bastante, que não tem tempo. Essa mente envia o tempo inteiro pensamentos contra o seu voo.

Já a mente VOA ama desafios, acredita que é capaz, que se não sabe algo vai aprender, é a mente que dá um jeito, aprende com as falhas, gosta de experimentar coisas novas e não desiste.

Qual a sua mente predominante?

## Identificando as Artilharias Antiaéreas

A mente antiaérea é a soma de várias artilharias antiaéreas, que estão espalhadas em diversas áreas da sua vida.

Para identificá-las, é só olhar para sua vida. A sua vida é um espelho da sua mente.

Olhe para cada área da sua vida, financeira, saúde, relacionamentos e veja se você está voando.

Você pode ter a Mente VOA para algumas áreas e a Mente Antiaérea para outras.

Nas áreas em que você está voando, você tem a mente VOA já nas áreas que você está no solo você tem a Mente antiaérea para aquele assunto.

Para identificar uma artilharia antiaérea, você pode fazer a seguinte pergunta: que pensamento a minha mente antiaérea está lançando sobre isso?

Identificada uma Artilharia Antiaérea com a pergunta, lance uma bomba como os Jambocks fizeram com as Flaks.

A bomba é um pensamento oposto, é o seu contra-ataque.

Repita essa pergunta para todas as áreas em que você sente que está rastejando.

Quando você começar a identificar os pensamentos negativos que estão limitando o seu voo, você vai conseguir cada vez mais calar a sua Mente antiaérea e fortalecer a sua Mente VOA.

**NINGUÉM PODE MANTER NO CHÃO OS SONHOS DE ALGUÉM QUE TEM ASAS.**

## Para voar é preciso tirar os pés do chão

> *"O voar não vem da asa. O beija-flor tão abreviadinho de asa, não é o que voa mais perfeito?"*
> **Mia Couto**

O voar vem do coração. Vem de dentro. O voar vem da alma. Do anseio pela vida. Vem do desejo de ser livre. De experimentar o novo. Vem da decisão e não da condição.

> *"De acordo com todas as leis conhecidas da aviação, não há como uma abelha ser capaz de voar. Suas asas são muito pequenas para tirar seu corpinho gordinho do chão. A abelha, é claro, voa de qualquer maneira. Porque as abelhas não se importam com o que os humanos pensam que é impossível."*
> **Bee Movie**

Em 2005, com o auxílio da fotografia de alta velocidade e de modelos mecânicos de asas de abelhas, cientistas foram capazes de resolver esse mistério desconcertante do voo das abelhas. Constatou-se que as abelhas batem suas asas a incríveis 230 vezes por segundo, muito mais rápido do que insetos menores.

A abelha não olha para sua condição. Ouvimos a vida inteira que precisamos manter os pés no chão, mas para voar é preciso fazer o oposto. Tirar os pés do chão é viver de decisão e não de condição. Não deixe que as dificuldades ou as circunstâncias, o que disseram de você, o seu passado o mantenha no chão.

Não importa o tamanho das suas asas, seja voando rápido como a abelha ou graciosamente como o beija-flor, mas levante voo.

Assim como a abelha, eu não tinha a menor condição de voar. Eu tenho plena convicção de que tudo o que eu vivi foi uma consequência das decisões que tomei.

Nós não podemos mudar o passado, mas podemos decidir nosso presente e mudar nosso futuro.

Eu cresci numa família humilde. Meus pais, com 3 filhos para cuidar, não podiam pagar boas escolas e eu sempre estudei em escola pública. Ainda assim, eu era uma das melhores da turma. Por causa disso, quando eu estava na oitava série, me ofereceram uma bolsa de estudos num cursinho pré-técnico perto da minha casa. Nesse momento, eu tomei a primeira decisão importante da minha vida. Decidi agarrar essa oportunidade com unhas e dentes, sacrificar meu tempo livre e meu lazer para ter a chance de ser aprovada no concurso público e cursar o ensino médio numa escola melhor.

Aquele ano foi de muito estudo. Eu aproveitava todo meu tempo livre para estudar, tendo perdido inclusive algumas festas de família para isso. Lembro que tive dificuldade em algumas matérias que não tinha estudado com profundidade na escola pública. Mesmo assim não desisti, sempre acreditando em mim e visualizando a vitória.

Certo dia, minha professora da escola pública, quando soube que eu ia prestar concurso para a Escola Técnica Federal de Química, me desencorajou dizendo que era um concurso muito difícil e que eu não tinha base para ser aprovada nas provas discursivas.

E nesse momento eu tomei a segunda decisão mais importante. Decidi não dar ouvidos àqueles que duvidavam do meu potencial. Decidi acreditar em mim e continuar meus estudos com ainda mais empenho. O resultado foi que aquela menina do colégio fraco foi aprovada e classificada no concurso de umas das melhores escolas técnicas federais do país.

Eu aprendi que não importa o que os outros pensem de você. A opinião dos outros é dos outros. O que importa de verdade é o que você pensa sobre você mesmo. Você é muito maior do que imagina, nunca duvide de você.

A emoção foi grande quando vi meu nome pela primeira vez no diário oficial, aprovada no concurso da Federal de Química. Nessa escola minha história começou a mudar. Lá eu tive a oportunidade de me profissionalizar em técnica em química e depois da formatura consegui meu primeiro estágio numa empresa de tratamento de ar-condicionado.

Nesse momento tomei a terceira decisão que considero ter mudado o rumo da minha vida. Em vez de torrar o dinheiro que eu ganhava no estágio, eu decidi guardar para futuramente pagar um cursinho pré-vestibular. E procurando opções de cursinhos no Rio de Janeiro, comecei a pensar em outras possibilidades diferentes de vestibular. Descobri os cursos pré-militares que preparavam para provas de Escolas Militares como IME, ITA, ESCOLA NAVAL e AFA. Fiquei muito animada com a possibilidade de me tornar militar. Aquilo se tornou meu principal objetivo de vida!

Eu me matriculei no cursinho e passei um ano estudando muito. Prestei todos os concursos que permitiam mulheres (IME, ITA e AFA) mas infelizmente não passei em nenhum. Porém uma nova oportunidade surgiu ainda no mesmo ano.

A Academia da Força Aérea (AFA) abriu pela primeira vez 20 vagas para mulheres no curso de Aviação. Até o ano de 2002 as mulheres só podiam fazer o curso de Intendência. Fiz minha inscrição para o concurso, porém tinha um detalhe. A prova da AFA cobrava 4 matérias que valiam o mesmo peso (português, matemática, física e inglês).

Eu nunca tinha feito curso de inglês. Meus pais não podiam pagar um curso de inglês na época, mas eu decidi não olhar para minhas condições. Estudei como nunca, fazia listas de vocabulário e decorava as palavras em pé no ônibus no trajeto para o cursinho.

Aprendi a interpretar um texto de inglês apenas com as palavras-chave e aprendi as regras de gramática em tempo recorde. Para minha surpresa, a minha nota mais alta foi em inglês, acertei mais de 80% da prova e fui aprovada em 11° lugar, dentro das vagas.

Ainda precisava fazer o teste físico e o exame médico. O teste físico que incluía corrida, flexão de braço e abdominal. Eu nunca tinha corrido na vida, treinei flexão em casa e passei no teste.

O exame médico era um verdadeiro pente-fino que reprovava muita gente pelo alto grau de exigência para piloto, principalmente no exame de vista. E o meu teste não deu alteração nenhuma.

Cumpridos todos os requisitos, me mudei para Pirassununga, em São Paulo, para estudar em regime de internato por 4 anos.

Mas os desafios estavam apenas começando. Eu que não dirigia nem carro ia aprender a pilotar avião!

As instruções de voo só acontecem no segundo ano da formação de oficiais aviadores. O primeiro ano é apenas um nivelamento com matérias básicas. O voo seria o maior desafio, já que muitos cadetes eram reprovados nessa fase e voltavam para casa.

A pergunta que eu fiz nesse momento foi a seguinte: o que eu poderia fazer para chegar bem preparada no próximo ano?

Descobri que durante os finais de semana na AFA funcionava um clube de voo a vela, onde os cadetes aprendiam a voar planadores ainda no primeiro ano da Academia. Isso seria perfeito, ter contato com voo seria uma vantagem enorme. O problema era que as vagas eram limitadas e a seleção dos próximos alunos do curso de planadores era baseada na ordem de classificação (nesse caso todos os alunos que vinham da EPCAR estavam na minha frente) e no número de dias que o cadete trabalhava no clube, ajudando a empurrar os planadores na pista.

Sabendo desse critério, eu decidi que iria trabalhar empurrando planador todos os finais de semana até garantir minha vaga como aluna.

Para isso eu não podia faltar nem um dia para não perder minha posição na fila. Não poderia ir para casa visitar minha família no Rio de Janeiro, caso contrário, outra pessoa passaria na minha frente. Então fiquei alguns meses sem sair da Academia.

Vale ressaltar que o trabalho no clube era uma tarefa desgastante. O dia começava antes do sol nascer e só terminava depois do pôr do sol. Enquanto a maioria dos cadetes saía para festas, dormia até tarde e descansava nos finais de semana, eu acordava mais cedo do que durante a semana e passava o dia inteiro no sol. Chegava tão esgotada que só conseguia dormir.

Mas eu decidi fazer todo esse sacrifício para aumentar minhas chances na instrução de voo.

Depois de vários meses de trabalho duro, consegui garantir minha vaga como aluna no clube e aprendi coisas muito importantes que me ajudaram a ir bem no voo no ano seguinte.

O sucesso exige sacrifícios, exige que você faça sua parte. Não existe sorte. Sorte é você lutando dia após dia por aquilo que você quer.

No segundo ano da AFA, renunciei a 2 semanas de férias para voltar para Pirassununga mais cedo para estudar a teoria do voo antes das aulas começarem e chegar mais bem preparada. E assim, iniciei a instrução de voo da melhor forma possível, com muito preparo, estudo e dedicação. Cheguei lá muito preparada, respondendo todas as perguntas com rapidez e assertividade, o que me ajudou a ter muito mais confiança na hora das provas teóricas e práticas.

Tudo o que dependia de mim eu fiz e, quando fazemos o possível, Deus age no impossível.

## Voo mental

> *"O pensamento é o ensaio da ação."*
> **Freud**

Apesar de ter estudado muito bem toda a teoria, a prática era algo totalmente novo e diferente. Mas aqui aprendi algo que levei para a vida: o poder da visualização.

O programa de instrução abrange 13 missões (nome que as instruções de voo recebem) de 1 hora cada. Depois dessas 13 horas, se o cadete atingir o grau satisfatório ele está apto a voar solo. Caso negativo, ele recebe uma nota deficiente e precisa repetir a missão. O problema é que o cadete só pode receber 2 notas deficientes. Se ele receber a terceira, é preciso acontecer um conselho entre os instrutores, que vão decidir se o cadete merece uma nova chance ou se deve ser desligado por inaptidão e voltar para casa.

Com toda essa pressão para se sair bem nas missões, os cadetes costumavam treinar muito essa parte prática mentalmente, realizando voo mental.

Antes de cada missão, nós passávamos horas visualizando cada etapa do voo como se estivesse acontecendo de verdade. Essa prática funcionava como um simulador na mente. Era o momento para treinar todos os procedimentos e ver se não estávamos esquecendo nada, o que poderia melhorar e o que poderia dar errado para sabermos como corrigir.

Quanto mais tempo passávamos fazendo o voo mental, mais chance nós tínhamos de fazer tudo certo durante o voo.

## PARTE II - PROCEDIMENTOS NORMAIS

Fazendo isso, ganhávamos muita prática antes da missão.

Era incrível o poder que o ensaio mental tinha para fazer o voo dar certo. Quanto mais horas de voo mental, melhor era o voo real. Isso acontece porque nós reproduzimos o que visualizamos. Nossa coordenação motora melhorava muito e o voo mental era equivalente a horas de voo de verdade.

Isso me ensinou que, quando algo acontece primeiro na mente, é mais fácil acontecer no mundo real. Porque a mente não sabe distinguir entre o que é real e o que é imaginário.

É verdade que tudo começa no pensamento. O pensamento é o que define o seu sucesso ou derrota. Seu corpo responde de acordo com o alimento que você ingere. Por isso, preste atenção aos pensamentos que você alimenta.

Sendo assim, seja lá o que você quer para sua vida, use o poder do ensaio mental. Visualize acontecendo na sua mente e seu corpo vai encontrar um jeito de fazer acontecer, porque para o nosso cérebro, aquilo já aconteceu.

Você precisa de algumas horas de voo mental antes de ir para o voo real.

Passei por todos os testes e, finalmente, fui aprovada para o tão esperado voo solo. Foi o dia mais emocionante da minha vida até então. Sozinha no avião pela primeira vez, decolando e pousando sem ninguém do meu lado foi um momento muito especial.

Após quatro anos de muita dedicação me formei na Academia da Força Aérea. No ano seguinte, fui fazer a especialização em asas rotativas e me tornei a primeira mulher a pilotar sozinha um helicóptero militar. Uma conquista e tanto para aquela garotinha da escola pública. Sou muito grata a Deus por Ele ter me capacitado e sustentado durante todos esses anos, pois tudo de bom que recebemos e tudo o que é perfeito vêm do céu, vêm de Deus. (Tg 1:17)

Condição faz você ficar no solo, decisão faz você voar.

Comandante não vive de condições, mas de decisões.

Não são as condições que você vive hoje que vão determinar onde você vai chegar, mas sim as decisões que você tomar a partir de agora.

Olhar para as condições é não enxergar que o maior recurso que existe no mundo é você mesmo.

Decida acreditar em você, no seu potencial, decida se esforçar e fazer tudo que estiver ao seu alcance. Eu não aceitei que as condições de ter estudado em escolas fracas me impediriam de passar num concurso. Eu escolhi estudar mais, deixar de sair, de ver televisão. E assim passei para uma escola melhor, ganhei mais conhecimento e autoconfiança, que mais tarde me fizeram alcançar um degrau maior, que foi ser aprovada na Academia da Força Aérea e me formar na primeira turma de mulheres aviadoras da Aeronáutica.

Eu não deixei que a condição de não saber inglês roubasse a minha chance de fazer uma boa prova. Eu decidi investir todo o tempo que eu tinha disponível para suprir essa lacuna e ainda conseguir a façanha de ser a maior nota da minha prova.

Não deixe que suas condições digam quem você vai se tornar. Decida quem você quer se tornar.

Eu acredito que quando tomamos decisões conscientes e alinhadas com nossos objetivos ganhamos o poder de mudar nossa realidade e experimentar o tão sonhado voo.

*"Se você pensa que será derrotado, então já está derrotado.*
*Se pensa que é melhor não fazer, não fará.*
*Se gosta de ganhar, mas acha que não dá*
*é quase certo que não irá ganhar.*
*Se pensa que vai perder, já está perdido.*

*Porque no mundo nós descobrimos
que o sucesso começa pela vontade de uma pessoa.
É tudo um estado mental.
Se pensa que está por baixo, já está.
É preciso pensar grande para se erguer.
É preciso confiar em si mesmo
antes de ganhar qualquer prêmio.
As batalhas da vida nem sempre são ganhas
pelo mais forte ou pelo mais rápido.
Mais cedo ou mais tarde, aquele que vence
é aquele que pensa: eu vou conseguir!"*

**Napoleon Hill**

## Siga a *checklist*

Durante um voo de teste, em outubro de 1935, a aeronave militar Boeing modelo 299 (também conhecida como Boeing B-17, a fortaleza voadora), com quatro motores e considerada, na época, a mais sofisticada da categoria, caiu logo após a decolagem, chocando seu nariz contra o solo e causando a morte dos dois tripulantes a bordo.

A queda intrigou a todos, pois como uma aeronave em perfeito estado cai assim sem mais nem menos? E foi durante a investigação que ficou constatado que os tripulantes esqueceram de retirar as travas dos comandos, utilizadas para travarem as superfícies de comando da aeronave em solo. Essas travas servem para evitar a danificação das superfícies móveis pela ação do vento.

A simples omissão de um passo no procedimento prévoo que era remover a trava das superfícies de controle impossibilitou o controle da aeronave em voo.

## PARTE II - PROCEDIMENTOS NORMAIS

Os pilotos não estavam acostumados com essa aeronave, que tinha muito mais instrumentos e itens.

Após esse acidente, a Boeing perdeu uma importante licitação e quase foi à falência. Até que um grupo de pilotos da Boeing criou uma lista de itens que deveriam ser checados em diferentes etapas do voo para evitar futuros esquecimentos. O primeiro momento de checagem dessa lista era o pré-voo e um dos itens críticos da lista era a remoção das travas das superfícies de comando. A *checklist* acabara de ser inventada e implementada pela primeira vez na história da aviação mundial. Ela tornou-se um item mandatório para todas as aeronaves da frota da empresa a fim de evitar demais acidentes.

O modelo 299 acumulou 1,8 milhões de milhas voadas sem nenhum acidente e ficou conhecido como a fortaleza voadora. Foram encomendados 13 mil bombardeios que tiveram um papel crucial na vitória dos aliados na Segunda Guerra Mundial.

A *checklist* revelou-se tão eficaz na aviação que outros setores passaram a empregá-la. Um médico cirurgião que também era piloto, observando o elevado número de processos contra o hospital em que trabalhava, por erro médico, (era comum o esquecimento de gaze, tesoura dentro dos pacientes) teve a brilhante ideia de trazer a ferramenta *checklist* para a medicina. Graças a essa pequena mudança, o número de complicações e mortes diminuíram drasticamente e os pacientes certamente agradeceram por não serem costurados com itens hospitalares no interior de seus corpos.

*Checklists* são as ferramentas que viabilizam a realização de atividades complexas. Por meio da enumeração e descrição de itens simples tornamos aquilo que é complexo realizável.

É bem provável que você use *checklist* para simples atividades cotidianas, como sua lista de compras ou suas tarefas diárias.

Eu sempre faço *checklist* antes de viagens para não esquecer nenhum item importante. Quando eu não fazia, sempre esquecia algo essencial, como carregador, adaptador de tomada ou algum item de higiene pessoal.

Hoje, muitas outras profissões se valem dessa ferramenta, como construção civil, socorristas, programadores, entre outros, pois são tarefas complexas demais para serem executadas de maneira confiável apenas com base na memória.

Cada vez mais percebemos que o problema não é o complexo. Tanto na aviação quanto na medicina, são os pequenos erros que desencadeiam o acidente.

Ninguém tropeça em montanha, tropeça em pedras pequenas. O problema, muitas vezes, é deixar de fazer aquilo que é simples.

Voar é complexo, operar um doente é indiscutivelmente complexo, mas realizar item a item da *checklist* é uma tarefa simples.

Cada item de uma *checklist* é simples se comparado ao procedimento todo. Alguns até parecem óbvios, mas o óbvio também precisa ser dito.

Quando deixamos de fazer o simples corroboramos para que a falha ocorra.

O ser humano não pode se dar ao luxo de pensar que é perfeito e não está sujeito ao erro.

O maior gargalo humano de hoje não é mais a falta de conhecimento, e sim a aplicação correta daquilo que é aprendido.

Assim como na aviação os pilotos possuem uma *checklist* para cada procedimento, você também pode ter *checklists* para diferentes atividades. Seja na sua vida pessoal ou profissional, o uso dessa ferramenta certamente facilitará sua vida, minimizará seus erros e tornará suas tarefas bem-feitas.

## PRÉ-VOO

Vimos no acidente com o B-17 que uma simples trava nos comandos derrubou uma fortaleza voadora. Após a criação da *checklist*, o pré-voo passou a ser feito com muito mais critério e segurança, evitando muitos acidentes.

É na inspeção pré-voo que o piloto irá assegurar-se de que a aeronave esteja em condições de voo. Nela, o piloto verifica uma série de itens da *checklist* para constatar, em solo, possíveis falhas no sistema de voo. Ele verifica os instrumentos, a fuselagem do avião, a quantidade de combustível, os freios, etc. E o item mais importante que precisa ser checado com muita atenção nessa inspeção é exatamente a trava dos comandos. O piloto precisa ter certeza de que ela foi removida e que os comandos estão livres e correspondentes, ou seja, o piloto conseguirá comandar o avião efetivamente. Para isso, ele movimenta o manche para a direita e olha para a asa direita verificando que a superfície tem movimento correspondente, fazendo o mesmo para a esquerda, depois para frente e para trás.

Esse procedimento é essencial para a segurança de voo e um pré-voo bem-feito pode evitar muitos acidentes. É esse pré-voo que quero propor que você faça agora.

## DESCOBRIR, DESTRAVAR E DECOLAR

Você está superanimado com seu novo projeto, começa cheio de empolgação, faz mil planos, mas logo surgem os primeiros obstáculos que o impedem de continuar e você acaba desistindo. Acertei?

Essa mesma história se repete com muitas pessoas. Elas começam algo novo, mas não avançam, parece que existe uma trava, um bloqueio impedindo-as de decolar. E a verdade é que existe mesmo e essa trava as mantém no solo.

Manter os comandos travados vai impedir sua decolagem. É preciso, antes de tudo, retirar as travas dos comandos.

As travas impedem que o piloto tenha controle sobre os comandos e foi por esse motivo que o Boeing 299 colidiu com o solo: os pilotos não conseguiram comandar o avião. É bem possível que você não esteja conseguindo controlar a sua vida porque esteja com os seus comandos travados. Essas travas são paralisantes e impedem que você saia do lugar.

As travas nos seus comandos são os eventos emocionais que você viveu e que hoje geram medo e o paralisam. São os traumas que você sofreu na infância, são os episódios de vergonha, de rejeição, de humilhação. Elas são a sua insegurança em sair da zona de conforto.

No avião, essas travas servem para preservar as superfícies de comando da ação do vento enquanto o avião estiver no solo. Da mesma forma, essas travas estão em você como forma de proteção, para que você não passe por isso novamente.

Mas não foi para o solo que o avião foi feito. Para decolar você precisa retirar essas travas. Você precisa decidir removê-las. Para isso, é necessário coragem para vasculhar e investigar mais a fundo suas origens.

Você pode retirar as travas olhando para esses episódios e escolhendo dar um novo significado ao que aconteceu. É preciso olhar para esses fatos com a maturidade que você tem hoje, mas que naquela época você não tinha. Enquanto você não alterar esse significado, esse evento vai continuar travando a sua vida.

Muitas pessoas pensam que precisam apagar de sua memória os eventos negativos, mas não. Primeiro porque é impossível apagar uma memória e segundo porque você só precisa mudar o significado; voltar lá na história, entender o que se passou, liberar as pessoas que fizeram isso com você e retirar nem que seja uma semente de aprendizado.

Certa vez, eu vi uma entrevista com o Chris Gardner que inspirou o filme "Em busca da felicidade" e o entrevistador perguntou o que ele faria diferente na sua vida. Ele respondeu: "Nada. Tudo que eu fiz me levou até a pessoa que sou hoje".

Ou seja, até as situações negativas que ele viveu – e que não foram poucas – contribuíram para que ele chegasse aonde chegou. Certamente, isso só foi possível pela forma como ele encarou todas elas, escolhendo sempre dar o melhor significado a cada infortúnio que ele passou.

Pode ser que você não esteja lembrando de nenhum evento que tenha o marcado negativamente, mas não se engane, pois alguns episódios negativos podem estar armazenados no seu inconsciente e por isso você não faz ideia do que está o paralisando.

Enquanto você não tomar consciência deles, o inconsciente continuará dirigindo sua vida como uma trava nos comandos do avião.

É preciso trazer à consciência os eventos que originaram as travas que você tem hoje. Descobrindo os fatos, você consegue então dar um novo significado, destravando o que impedia você de decolar.

No meu treinamento presencial VOA, eu aplico algumas dinâmicas que trazem à superfície vários desses eventos que você viveu. A partir dessa descoberta, é possível destravar e então decolar.

Descobrir para destravar e assim decolar. Porque enquanto você não destravar seus comandos você não voa. E você só destrava aquilo que conhece.

**Exercício:**
Lembre-se de 3 episódios que marcaram você negativamente.

**Faça as seguintes perguntas para ressignificar cada evento:**

*O que você faria diferente?*
*O que impediu você de agir dessa forma?*
*Qual a sua intenção positiva ao fazer isso?*

Escreva um significado diferente para cada um dos episódios. Liberte quem fez isso com você.

# III
# TEORIA DE VOO

**PARTE III - TEORIA DE VOO**

## As 4 Forças que fazem o avião voar

*"Aprendeu a voar e não se arrependeu pelo preço pago. Fernão Gaivota descobriu que o tédio, o medo e a raiva são as razões pelas quais é tão curta a vida das gaivotas, e, com essas limitações longe de seus pensamentos, viveu, na verdade, uma longa vida."*

**Richard Bach**

Se você quer voar, precisa aprender como um avião voa e entender os princípios da Física que possibilitam o voo acontecer. Por isso, quero lhe apresentar a teoria de voo, uma matéria básica para qualquer piloto que está aprendendo a voar.

Veremos conceitos como aerodinâmica, sustentação e arrasto e você aprenderá a identificar as forças que agem contra o seu voo e as forças que agem a seu favor.

Existem quatro forças que fazem o avião voar: Tração, Sustentação, Peso e Arrasto.

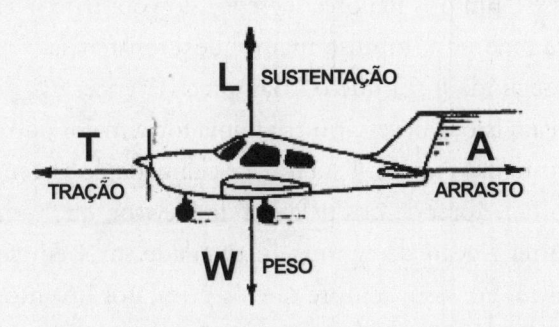

A tração é a força resultante do motor responsável por mover a aeronave.

A sustentação é a força responsável por elevar a aeronave.
O Peso é força resultante de sua massa e da gravidade.

O arrasto é a resistência resultante do contato do ar com as superfícies do avião.

Conforme você pode perceber pela figura anterior, o voo depende da correta combinação entre essas forças, já que uma pode anular a outra. Desse modo, podemos afirmar que o principal segredo para fazer um avião voar é:

## MANTENHA O IMPULSO MAIOR QUE A RESISTÊNCIA

Eu preciso lhe dizer que não vai ser fácil tirar seu avião do chão. Mesmo depois de destravar os comandos você verá que ainda tem algumas coisinhas a mais para você superar. A atitude de voar exige vencer duas forças que querem manter o avião no solo.

A primeira delas é o arrasto, que é a resistência do ar contra o avião. Para vencê-la, os aviões utilizam da potência do motor e assim conseguem fazer com que o impulso seja maior que a resistência. Essa força é chamada de tração.

Esse é um dos maiores segredos do voo: para voar você precisa manter o impulso maior que a resistência.

A segunda força que o avião precisa vencer é o próprio peso. Para isso, é necessário criar uma força maior que o peso para sustentar o avião. Essa força é chamada de sustentação.

Porém, aprendemos pela Lei de Newton que toda ação gera uma reação de mesma intensidade, mas em sentido contrário. Por isso, sempre que os primeiros inventores do avião tentavam criar uma força para cima, obtinham como resposta uma força igual para baixo e não conseguiam tirar o avião do solo. Eu avisei que não seria fácil.

**Sustentação 0 x Peso 1**

Os motores dão conta só com a Lei de Newton mesmo, já que, ao sugar o ar para dentro das turbinas e expelir o ar comprimido e acelerado do outro lado, geram uma força de mesma intensidade e em sentido oposto: a Tração que empurra o avião para a frente.

**Tração 1 x Arrasto 0**

Mas como brasileiro não desiste nunca, tentamos agora voar usando um outro princípio da física, dessa vez do amigo suíço Daniel Bernoulli, que diz que quanto maior a velocidade de escoamento, menor a pressão.

Depois dessa descoberta, entra em cena o nosso orgulho nacional, Santos Dumont, que consegue a proeza de levantar um "mais pesado que o ar" bem no centro de Paris.

O pessoal que não é bobo nem nada, logo percebeu que o segredo do voo estava na aerodinâmica. Então começaram a desenhar asas com perfis aerodinâmicos, ou seja, com a curvatura mais acentuada na parte de cima. Dessa forma, o ar de cima passa mais rápido, pois percorre um caminho maior no mesmo tempo que o ar de baixo, que passa mais devagar. Como a pressão é inversamente proporcional à velocidade, a pressão na parte de cima é menor que na parte de baixo e essa diferença de pressão gera a força que todo mundo estava querendo produzir, mas não conseguia por causa do chato do Newton com a sua lei que atrapalhava tudo.

Pronto! Estava completa a receita do voo possível.

## Tenha aerodinâmica

Eis a principal razão que leva um avião que pesa toneladas conseguir cruzar o espaço aéreo: ele tem aerodinâmica.

Todos os objetos apresentam uma resistência ao avanço quando se deslocam através do ar. Ela é produzida pela turbulência que se forma atrás desses objetos. Uma superfície aerodinâmica tem pequena resistência ao avanço porque ela produz um turbilhonamento muito pequeno.

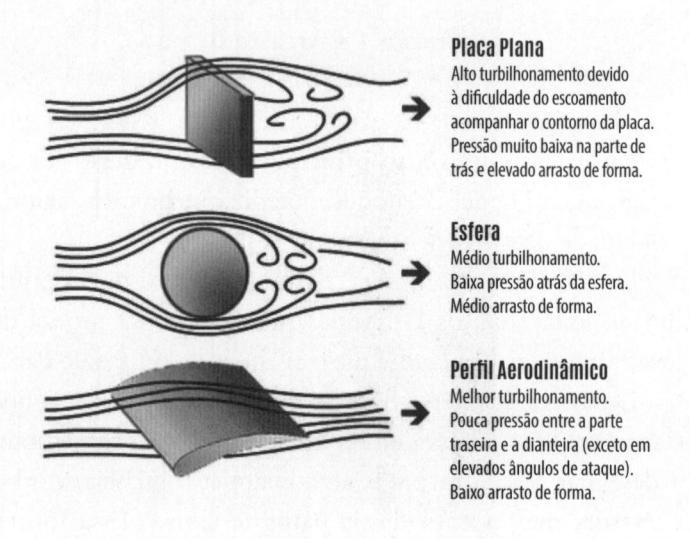

**Placa Plana**
Alto turbilhonamento devido à dificuldade do escoamento acompanhar o contorno da placa. Pressão muito baixa na parte de trás e elevado arrasto de forma.

**Esfera**
Médio turbilhonamento. Baixa pressão atrás da esfera. Médio arrasto de forma.

**Perfil Aerodinâmico**
Melhor turbilhonamento. Pouca pressão entre a parte traseira e a dianteira (exceto em elevados ângulos de ataque). Baixo arrasto de forma.

Quando você não tem aerodinâmica, você vai sofrer mais arrasto. Você vai paralisar pelas críticas, pelas dificuldades, pelas desculpas.

Se você vive reclamando das circunstâncias, se vive dando desculpas, você tem o perfil quadrado, como o da placa plana. Você gera muito arrasto que impede seu voo.

Se você começa, mas não termina, se procrastina demais, se não faz o que precisa fazer, você tem o perfil de esfera. Você até sobe um pouquinho, mas logo o arrasto o segura e você cai.

Mas quando você tem o perfil aerodinâmico, você voa. O arrasto é tão pequeno que não consegue segurá-lo.

Ter aerodinâmica é parar de dar desculpas, é não se importar com a opinião dos outros, é não paralisar no primeiro obstáculo, é não se deixar vencer pelo medo.

É ser resiliente. É ser antifrágil. É não se curvar para as condições, mas viver de decisões.

O vento está sempre bom para quem tem aerodinâmica, porque quem tem aerodinâmica acredita que todas as coisas cooperam para o seu bem.

O que o impede de voar é que tem muito arrasto e pouca tração.

Você está com excesso de peso e pouca sustentação.

O arrasto é tudo que o freia, que impede você de prosperar, são as suas crenças.

O peso é tudo que você carrega sem necessidade. É o seu excesso de bagagem que está pesando seu avião e ultrapassando o peso máximo de decolagem.

A tração é a sua potência, é tudo que o impulsiona, a sua força de vontade, a sua determinação, é a sua ação.

A sustentação é tudo aquilo que o sustenta, que o coloca para cima, que o levanta. É a sua base, é o seu porquê, é tudo aquilo pelo que vale a pena você lutar.

Vamos analisar na prática cada uma dessas forças.

**Para voar é preciso soltar o que o puxa para baixo.**

**PARTE III - TEORIA DE VOO**

## LIBERE O EXCESSO DE PESO QUE IMPEDE SEU VOO

Certa vez, eu estava em Fortaleza e tentei voar de carona em um voo da FAB que estava indo para Belém, onde eu servia na época. Eu não estava inscrita nesse voo, mas fui até a Base Aérea tentar uma vaga no avião. Chegando lá, fui informada que não seria possível pois, mesmo tendo lugar vazio no avião, o peso máximo de decolagem já tinha sido atingido.

Eu fiquei chateada por não conseguir entrar nesse voo e precisei comprar uma passagem de avião comercial mesmo.

O peso é algo muito sério na aviação. Todo voo precisa observar o peso máximo de decolagem, que é o peso máximo com o qual uma determinada aeronave pode alçar voo com segurança. Esse limite é definido pelo fabricante já no projeto da aeronave conforme limites estabelecidos pelas regras de certificação.

Por ser algo tão limitado é que custa tão caro levar excesso de bagagem nos voos. Só quem já precisou pagar pelos quilos a mais da bagagem sabe o quanto dói no bolso. Principalmente se for em dólar ou euro.

E se em um voo pagamos um preço elevado pelo excesso de bagagem, quanto custa o excesso de bagagem que você está carregando a vida inteira?

Isso está custando alto demais. Está custando a sua saúde física, mental e espiritual. Está custando a sua paz. Está custando suas noites de sono, sua alegria, sua energia. Está custando seus sonhos. Está custando seu voo.

Seu avião ainda não decolou porque ultrapassou o peso máximo de decolagem.

O excesso de bagagem está o impedindo de decolar.

Você não decola com o avião acima do peso máximo de decolagem.

Sabe quais são as coisas que deixam o seu avião pesado? As coisas desnecessárias que você carrega. O seu excesso de bagagem.

O excesso de bagagem é algo tão ruim que até as companhias aéreas cobram caro para que você leve seu peso extra no voo.

Dentro do seu excesso de bagagem estão o perdão que você não libera, a dívida que você não perdoa, a mágoa que você não solta, a raiva que você guarda, o rancor que você alimenta, a amargura que você deixa enraizar no seu coração, o ódio que você sente e tantas outras toxinas emocionais que vão pesando e pesando seu avião cada vez mais.

Você está com a carga pesada demais.

Algumas dessas cargas são:

## RESSENTIMENTO

O autor Dale Carnegie em seu livro *Como parar de se preocupar e começar a viver* conta uma história que me marcou muito, a da Tia Edith.

O marido da Tia Edith, preocupado com as dívidas de sua esposa, pediu que a loja parasse de vender a crédito para ela. Quando ela soube disso ficou indignada e ainda se sentia assim mesmo 50 anos depois.

Certo dia, seu sobrinho, que não aguentava mais ouvir a história, disse: "Tia Edith, o tio Frank errou com você. Mas você não acha que reclamando disso durante quase meio século é infinitamente pior do que o que ele fez?"

Essa história nos mostra que muitas vezes o que nós fazemos é muito pior do que o que fizeram conosco.

## PARTE III - TEORIA DE VOO

O ressentimento que você guarda são bagagens que estão pesando o seu voo. Elas são as piores toxinas que você pode armazenar no seu corpo. São as mágoas que você alimenta por alguém que o ofendeu. Os sentimentos de profunda decepção e dor pelo que fizeram com você.

Mágoas são sentimentos que retemos e que só fazem mal a nós mesmos.

O que muitos não sabem é que mágoa é uma má água que você bebe diariamente desejando que o outro morra, mas quem se envenena é você. E se nós temos cerca de 60% de água na composição do nosso corpo, imagina carregar dentro dele essa água podre?

A mágoa é querer se vingar, sem saber que é a sua vida que sofre as consequências. Enquanto você pensa que a mágoa está prejudicando a outra pessoa, é o seu avião que fica no solo. Guardar mágoa é manter-se conectado a quem lhe fez mal. E você não decola na vida porque a mágoa pesa demais.

Toda vez que escolhe relembrar do que lhe fizeram, você alimenta essa mágoa e cria raízes de amargura no seu interior.

> *"Cuidem que ninguém se exclua da graça de Deus.*
> *Que nenhuma raiz de amargura brote e cause*
> *perturbação, contaminando a muitos."*
> **(Hb 12:15)**

A mágoa cria raízes de amargura no seu coração contaminando você e os outros ao seu redor. Ela o adoece física, mental e espiritualmente. Mas o pior de tudo é que ela impede seu relacionamento com Deus, porque quem não libera perdão, não recebe o perdão dele.

Davi orou "tira a minha alma do cárcere, para que eu dê graças ao teu nome". A mágoa é o cárcere da sua alma. A mágoa tira a sua paz e a sua liberdade, sua alergia e o afasta do relacionamento mais importante de todos.

Elimine todo tipo de má água da sua vida liberando o perdão. A chave desse cárcere que você se colocou é o perdão.

Enquanto você não perdoa, você está carregando essa pessoa dentro do seu avião. Não faz sentido levar essas pessoas no seu voo. Elas estão excedendo o peso de decolagem do seu avião.

Perdoar é deixar que essas pessoas desembarquem do seu avião. É liberar espaço para levar as pessoas que importam na sua vida. Você é o dono da lista de passageiros desse voo.

Tem um trecho de uma música da banda Reverb que eu gosto muito que diz: "Você não consegue perdoar alguém porque esse alguém não se arrependeu? Eu espero que você se perdoe pelo tempo que perdeu. Porque se for parar para pensar, são coisas diferentes, a culpa pode estar no outro, mas o perdão está sempre na gente."

Perdões pendentes geram excesso de peso no nosso voo. O segredo para o perdão é entender que o maior beneficiário é você.

Muitas pessoas não perdoam por não acharem justo, mas o perdão não tem relação com justiça. Você pode pensar que o que fizeram não tem perdão, mas é para isso que o perdão serve. Perdoar é a capacidade de ir além da vingança ou da justiça.

O perdão é uma decisão e não uma vontade. É uma decisão que só você pode tomar. É importante entender que o perdão não significa que você está dando crédito ao outro, mas sim o liberando do débito que ele tinha com você. Perdoar é zerar a conta que a pessoa tinha contigo.

Perdoar é parar de exigir do outro um padrão de comportamento que ele não foi capaz de ter naquele momento, pois cada pessoa sempre age no limite de sua capacidade. Cada pessoa está dando o seu melhor. Se o melhor dela foi isso que ela fez com você, infelizmente, foi o melhor que ela tinha. Era o que ela podia fazer com os recursos internos dela. Elas agiram de acordo com o nível de consciência que elas tinham naquele momento.

Então, perdoe, não porque ela merece, mas porque você não merece carregar esse peso no seu avião.

O perdão é para quem não merece, você também não merecia o perdão que Cristo lhe deu. Isso se chama graça.

Você não consegue mudar o passado de quem lhe fez mal, mas você pode dar um novo sentido para o seu. Troque o significado do que aconteceu com você e você vai voar.

Perdoe aquela dívida que não lhe pagaram. Transforme a dívida em ajuda financeira. Caso contrário, toda vez que algo o lembrar dessa dívida, você vai gastar energia com isso. Gaste sua energia para seguir em frente e prosperar ainda mais.

A dificuldade de perdoar vem de você se dar o direito de ter o coração ofendido. Você se vê como vítima e a outra pessoa como o vilão. Você precisa parar de levar tudo para o lado pessoal. O maior segredo para não carregar ninguém no seu avião é viver uma vida sem expectativas nas pessoas.

## Liberdade é o que você faz com o que fizeram com você

E quando você ficar bom em perdoar, você vai entender que não precisa mais perdoar ninguém. Porque você nem vai ficar ofendido mais. Você não vai carregar ninguém mais, por isso já não precisará perdoar. O perdão é para soltar, se você não está segurando, não precisa mais perdoar, porque nem ofendido você ficou. Você deixou as pessoas em paz, elas nem entraram no seu avião.

Jesus, enquanto estava pregado na cruz, disse: Deus perdoa-os porque eles não sabem o que fazem. Isso significa que Jesus não precisou perdoá-los. Quem perdoa é Deus.

A justiça do Reino é diferente da nossa justiça. Deus não vai querer saber o que fizeram com você, mas o que você fez, como você reagiu a isso.

O segredo é não colocar expectativas nas pessoas. Você se decepciona porque coloca muita expectativa nos outros. Fulano deveria ser assim. Ninguém deveria nada. Ninguém lhe deve nada. Ele está dando o melhor dele e ponto-final. O segredo para parar de se frustrar é não esperar nada de ninguém. Pare de cobrar atitudes, comportamentos, sentimentos dos outros. Seja responsável pelo que você oferece ao outro. Ofereça o seu melhor a eles e não alimente expectativas sobre o que os outros podem lhe oferecer. Deixe-os livres para ser o que quiserem ser.

Quer voar leve? Pare de embarcar as pessoas no seu avião. Deixe-as livre. Olhe para elas como Deus as vê e não com as lentes da sua experiência.

Aprenda a amar as pessoas com suas imperfeições. Isso é ter compaixão. Dê a elas o direito de errar assim como você erra.

As pessoas que mais nos magoam são as mais próximas de nós e que nós mais amamos. Se você tem alguma questão mal resolvida com seus pais, por exemplo, e não consegue ter um relacionamento saudável e amoroso com eles você precisa investigar o que precisa ser perdoado para que sua vida flua. Muitas vezes, você não sabe exatamente o que precisa perdoar, mas, com certeza, há algo travando seu relacionamento com seus pais.

Anote a seguir cinco pessoas que você precisa desembarcar do seu avião por meio do perdão.

## CULPA

A culpa é algo que pesa demais no seu voo. Quando a culpa é excessiva, ela o faz remoer o passado e o aprisiona num cárcere onde você mesmo é o carcereiro. E ainda usa de crueldade, pois nós conseguimos ser muito cruéis quando o assunto é autopunição.

Faça uma troca muito mais vantajosa para você. Troque a culpa por aprendizado. Não carregue a culpa, carregue aprendizado. Culpa é pesado, aprendizado é leve.

O ato de culpar é orientado para o passado, é uma reatividade baseada no que já aconteceu. Já o ato de se responsabilizar o orienta para o futuro.

Tenha mais empatia por você mesmo e utilize o mesmo princípio que você aprendeu para perdoar o outro e perdoe a si mesmo. Você também agiu no limite da sua capacidade, com o nível de consciência que você possuía naquele momento. Você fez o melhor que podia com os recursos que você tinha.

Talvez você não tivesse maturidade suficiente para agir diferente. Não é justo se comparar com quem você era no passado querendo exigir o mesmo comportamento agora que você possui mais consciência e entendimento.

Repita essa frase sempre que a culpa vier importuná-lo: "Eu fiz o melhor que podia fazer naquele momento, com aquilo que eu sabia. Hoje eu sei mais. Eu sei mais justamente por que eu vivi um dia a experiência de não saber."

Aceite quem você é hoje. Quem você foi no passado não define quem você será no futuro. Entenda que você pode ser diferente a partir de agora e não importa o que você fez lá atrás.

Olhe para você como Deus o olha. Ele o olha com amor e compaixão. O amor dele é perseguidor e nada que você faça pode separá-lo do amor de Deus.

Sinta-se amado por Ele e comece a se amar. Sinta-se especial como Ele o acha especial.

Deus não olha para o que você fez no passado para definir o seu futuro. Então, por que você quer fazer isso? Ele não olha para quem você é, mas para o que você pode ser.

Em Filipenses 3: 13-14 diz: Esquecendo-me das coisas que ficaram para trás e avançando para as que estão adiante, prossigo para o alvo.

Você precisa prosseguir para o seu alvo. Enquanto ficar olhando pelo retrovisor você não avança.

Avião não voa olhando para trás, porque ele só prossegue para o alvo dele, que é o próximo pouso.

## Aeroporto de partida não define aeroporto de chegada

Seu passado não define seu destino.

Um dos acidentes mais conhecidos no Brasil é o caso do Varig 254 que caiu na floresta amazônica após ter se perdido durante o voo. Um erro na hora de inserir a proa do destino somado a uma série de outros erros, derrubou um avião em perfeitas condições.

Eu comento mais a fundo sobre esse acidente na parte de Procedimentos de Emergência, mas eu quero destacar algo importante quando se fala sobre culpa.

## PARTE III - TEORIA DE VOO

O que mais me chama atenção nesse acidente foi que os pilotos se comunicavam o tempo todo com os órgãos de controle e com outros pilotos, mas, quando perguntavam onde eles estavam, o Comandante não dizia claramente e ficava repetindo que tinha decolado de Marabá e estava mantendo a proa 270 (direção 270).

A verdade é que saber a sua proa é inútil quando não se sabe onde está. Bem como saber qual o aeroporto de partida não ajudou em nada na sua localização, sabe por quê?

Num voo, mais importante do que de onde você decolou, é para onde você está indo. Na sua vida também.

Deus não quer saber de que aeroporto você veio. Ele não precisa consultar a sua origem para lhe oferecer um futuro. Ele o aceita como você está e tem o melhor futuro para você a partir do momento que você decidir ser guiado por Ele. O que importa é onde você está agora e qual proa você vai pegar a partir daí. Por isso, você não precisa carregar essa culpa. O que você precisa é assumir seu erro, arrepender-se e mudar de rota.

> *"Portanto, agora nenhuma condenação há para os que estão em Cristo Jesus, que não andam segundo a carne, mas segundo o Espírito."*
> **(Rm 8:1)**

## PASSADO

> *"Quem vive muito no passado, acaba sem presente para recordar."*

Já viu aquele rastro que fica no céu quando o avião passa, parecido com uma fumaça branca? Quando o avião passa, vai deixando aquele rastro branco no céu e minutos depois ele vai sumindo até apagar por completo.

Esse rastro é o seu passado.

Esse rastro impulsiona esse avião?

Claro que não!

Daqui a pouco, ele vai sumir no céu e deixar de existir. Se está no passado, então não existe.

O rastro não impulsiona o avião. Seu passado também não. Mas muitos de nós deixamos o que houve no passado influenciar o que estamos fazendo no presente.

O rastro é só o que o avião deixa para trás enquanto está se movendo para frente.

O rastro é o nosso passado. O passado não guia a nossa vida. Você tem o controle, o comando do avião na sua mão. O motor impulsiona o avião. Você pode escolher a velocidade e a direção que deseja tomar.

Sua história é o que você deixa para trás.

A partir de hoje, que história você quer deixar?

O seu passado é uma carga com toda sua história. Quem vive no passado quer levar toda essa carga no voo. Não tem como decolar com esse peso.

O passado serve apenas para ser consultado quando necessário, não para voar com você. Deixe-o no solo. Consulte-o apenas para não incorrer nos mesmos erros. É por esse motivo que não se apaga o passado, para que você não volte a repetir os mesmos erros.

Dê um novo significado ao que lhe aconteceu. Substitua a história que você viveu por outra melhor. Quando você faz isso, a experiência perde o valor de referência, perde a importância que tinha na sua mente.

## PARTE III - TEORIA DE VOO

Estar com a mente configurada no passado é carregar peso extra no seu avião. Escolha olhar para o seu passado com gratidão por ter lhe trazido até aqui, por ter feito você amadurecer, mas entenda que ele não vai levá-lo até seu aeroporto de destino. Aprenda com o passado. Mas não o carregue nas costas. Abandone esse peso e voe.

Assim como o futuro, o passado é um lugar que não existe e gastar energia com ele é desperdício.

Existia um jeito de eu conseguir embarcar naquele voo em Fortaleza. Bastava o piloto trocar o meu peso pela mesma quantidade de combustível a menos.

Entretanto, menos combustível faz o avião voar uma distância menor e com essa pequena troca ele não conseguiria ir direto para Belém, mas sim precisaria fazer uma escala em São Luís.

Essa escala em São Luís é muito comum num voo entre Fortaleza e Belém. Acontece que eu não era uma passageira obrigatória para aquele voo e não fazia sentido um voo programado para ir direto para Belém fazer mais um pouso no meio do caminho.

Ninguém quer gastar mais tempo, mais energia, mais um pouso, mais uma decolagem, chegar mais tarde em casa por levar excesso de bagagem.

Quando você está viajando muito pesado, você atrasa sua vida. Você tem que parar em lugares que você não precisava parar, porque você podia ir direto.

Você está ocupando o espaço do combustível vital para o seu voo, a sua energia de vida, para levar pessoas que não precisavam estar ali.

Libere esse excesso de bagagem reconfigurando sua mente para viver apenas o momento atual. Porque o voo só acontece no presente. Ninguém faz nada a não ser no agora. O voo é agora. Durante o voo você não pensa no que você tem que fazer, nem no que você deixou de fazer. Você apenas foca no presente.

Quando você fica remoendo o passado, você gasta energia do agora, porque seu cérebro, que é atemporal, acha que é o que você está vivendo no presente. Tanto é que você revive as sensações provocadas pelas lembranças e pensamentos. Relembrar o passado constantemente é gastar a energia do seu voo em coisas que não fazem seu avião voar. É gastar a energia do único momento que realmente existe: o momento presente. Você fica no modo passado em vez de viver no modo do avião, que é o agora.

Quando você vive o agora, o passado é só um diário de bordo que você consulta para fazer voos melhores.

Para voar é preciso desembarcar o passado. Quando você entender isso você vai voar.

Na minha imersão presencial VOA eu aplico uma dinâmica para as pessoas liberarem os excessos de peso que estão impedindo seu voo. É libertador conseguir desembarcar o passado, todos se sentem leves e prontos para voar.

Escreva 3 erros que você cometeu e o que aprendeu com cada um deles. Abandone os erros e carregue apenas os aprendizados com você.

## FUTURO

> *"Portanto, não se preocupem com o amanhã, pois o amanhã trará as suas próprias preocupações. Basta a cada dia o seu próprio mal."*
>
> **Mateus 6:34**

Da mesma forma que o passado, o futuro pesa seu avião. E como vimos que o voo acontece no agora, você não conseguirá voar pensando excessivamente no futuro. O futuro serve para selecionar sua proa, para direcionar seu voo para o destino que você quer pousar. Mas você precisa entender que o voo acontece no agora. O único tempo "pilotável" é o agora. Ninguém pilota o amanhã nem o ontem. Você só muda o agora. Se mudar o agora, o futuro muda. Se não mudar o agora, seu futuro se manterá.

Como o passado não existe, não tem como mudar o que não existe.

O futuro é uma bagagem que só faz o seu avião ficar pesado. Quem se preocupa em excesso com o futuro sofre de ansiedade.

A ansiedade surge nos pensamentos. Por racionalizarmos demais algo, sem deixar que as coisas aconteçam. Essa antecipação mental acaba por alimentar pensamentos negativos, que geram ansiedade.

Em Mateus 6:27 está escrito: "Quem de vocês, por mais que se preocupe, pode acrescentar uma hora que seja à sua vida?"

Ninguém pode. Quando você acha que tem o controle das coisas, pensa que se preocupar com elas irá mudar alguma coisa. Enquanto você se preocupa com o amanhã, o seu HOJE está escapando das suas mãos.

Entenda que aquilo que você não pode controlar, já tem alguém controlando: Deus.

"A preocupação é como uma cadeira de balanço, te mantém ocupado, mas não te tira do lugar."

Você diz que não sabe meditar, mas vive meditando em coisas negativas, porque meditar é concentrar os pensamentos. Se você sabe se preocupar, você sabe meditar. Então medite no que Deus fala sobre ansiedade.

> *"Não andem ansiosos por coisa alguma, mas em tudo, pela oração e súplicas, e com ação de graças, apresentem seus pedidos a Deus. E a paz de Deus, que excede todo o entendimento, guardará o coração e a mente de vocês em Cristo Jesus."*
> **Filipenses 4:6-8**

> *"Só existe um caminho para a felicidade, que é parar de se preocupar com situações que estão além do poder da nossa vontade."*
> **Epiteto**

Muitas das hipóteses que imaginamos quando estamos ansiosos são apenas ilusões. A preocupação é usar sua imaginação de forma errada. Se for para imaginar o futuro, use sua imaginação para o seu bem, para criar um futuro maravilhoso. Em vez de pensar no pior cenário, pense no melhor cenário.

> *"O medo não é real. O único lugar onde o medo pode existir é em nossos pensamentos sobre o futuro. Ele é um produto da nossa imaginação, que faz com que temamos as coisas que não existem no presente e que talvez jamais cheguem a existir. O medo é quase uma loucura. Não me entenda mal. O perigo é real, mas o medo é uma escolha. Somos nós que escrevemos nossa história."*
> **Cypher Raige – Filme Depois da Terra**

Pare de temer o futuro, em vez disso cuide do seu hoje, cuide do seu agora. Só assim você construirá base para um futuro do qual não precisa temer.

Viver o presente é o melhor antídoto para a ansiedade. O presente é leve.

É por isso que a terapia ocupacional funciona, porque o mantém no presente. Não dá para se preocupar quando se está concentrado fazendo algo que exige planejamento e raciocínio.

Quando você está no agora, você mantém sua paz interior mesmo no caos e isso o torna imune a doenças nervosas.

Por isso preencha sua vida com atividades estimulantes, aprenda novas habilidades, seja voluntário de alguma causa social, leia livros, saia para uma caminhada, aprecie a natureza, converse com amigos.

Como nossa mente não consegue pensar em mais de uma coisa ao mesmo tempo, se a mantiver ocupada com coisas boas, produtivas, você não vai abrir espaço para as preocupações.

Durante a guerra, o primeiro-ministro britânico, Winston Churchill, dizia: "estou ocupado demais, não tenho tempo para me preocupar".

Siga o exemplo de Churchill, esteja ocupado, mas escolha bem com o que se ocupar. Ocupe-se do que alimenta sua alma. Organize seu tempo, pois fazer isso lhe trará uma sensação de autocontrole. Sem isso, os dias ficam sem propósito.

*"O segredo de ser miserável é ter tempo livre para se preocupar se você é feliz ou não."*

## ARRASTO É A RESISTÊNCIA AO SEU AVANÇO

*"Todos os objetos apresentam uma resistência ao avanço quando se deslocam através do ar. Ela é produzida pela turbulência que se forma atrás desses objetos."*
**(Aerodinâmica e Teoria de Voo Noções Básicas – Jorge M. Homa)**

Em aerodinâmica, a definição de arrasto é a resistência ao avanço.

O arrasto segura seu voo. É a força contrária ao voo.

São as crenças que você carrega com você sem nunca ter questionado o motivo. São as suas interpretações sobre fatos, pessoas, coisas ou situações, que se generalizam na forma como você vê o mundo e a si mesmo.

A maneira como você enxerga o mundo é a maneira como você vai lidar com ele e a sua visão de mundo pode não estar funcionando muito bem para você.

O arrasto é formado por todas as verdades que aprendemos a construir a respeito do mundo e a nosso respeito.

E quando realmente acreditamos em algo, nos comportamos de maneira congruente com esta verdade.

As crenças são um arrasto, porque puxa nosso avião para trás. É a força contrária à tração, por isso que elas impedem o seu avanço.

Elas são como programas instalados no nosso *drive* mental através da repetição do que vimos, ouvimos e sentimos.

Algumas são de nível superficial, são aquelas que você ouviu dizer, como os ditados populares, frases que as pessoas falam muito com frequência.

Outras são intermediárias, elas vêm de outras pessoas que têm poder pessoal sobre você. Vêm de família, religião, grupo de amigos, professores, médicos, televisão etc.

E existem ainda as mais profundas, que são aquelas baseadas nas suas próprias experiências. Como você viveu na pele, você sente essa verdade dentro de você e não importa o que os outros digam, porque você sempre vai lembrar: "Eu vivi isso! Eu sei que é assim." A sua experiência gera um nível de profundidade muito grande.

Nossas crenças tornam-se nossas maiores prisões. Você não voou ainda porque suas crenças estão gerando muito arrasto.

Talvez suas maiores crenças negativas tenham vindo dos seus próprios pais que, por falta de sabedoria naquele momento, lançaram palavras que o tornaram escravo desse pensamento. Pode ser que você tenha ouvido que era preguiçoso, que não ia dar certo para nada, que não ia ser ninguém na vida, que a vida é difícil, que dinheiro é difícil, etc.

Quando nos agarramos muito forte às nossas crenças, corremos o risco de ficarmos cegos para a realidade e enxergarmos apenas o que se encaixa nelas.

É por isso que você precisa ter aerodinâmica. Uma superfície aerodinâmica tem pequena resistência ao avanço porque ela produz um turbilhonamento muito pequeno.

A aerodinâmica é uma mudança de mentalidade gerada pelo autoconhecimento. É descobrir o que trava sua vida, para então destravar e estar pronto para decolar.

Quanto mais você se conhece mais descobre essas crenças que você tinha e mais aerodinâmica você ganha e com isso o arrasto gerado no seu avião diminui.

Ao mudar uma crença, busque logo executar uma nova ação, porque a verdadeira mudança começa na ação, não na teoria. É a ação que produz aprendizado.

**Exercício:**
Escreva pelo menos 5 crenças que você possui sobre a vida e depois reescreva atribuindo uma nova mentalidade a partir de agora. Defina uma ação para cada uma.

A VIDA SÓ DÁ ASAS A QUEM NÃO TEM MEDO DE CAIR.

## O frio na barriga é normal

Conheci o Victor numa manhã ensolarada na praia do Recreio dos Bandeirantes. Ele me viu remando toda errada tentando pegar uma onda. Eu já surfava há alguns anos, mas estava com alguns bloqueios que me impediam de entrar nas ondas que eu achava que eram grandes (mas, na verdade, tinham meio metro).

Ele então se aproximou, começou a remar do meu lado, me dizendo o que fazer em cada momento, subiu na onda junto comigo e surfamos a onda lado a lado.

Nunca ninguém tinha sido tão didático comigo e tão companheiro. Depois na areia ele me perguntou se eu queria ir para o próximo nível do *surf*. Um nível onde eu teria mais confiança em pegar uma onda sozinha. Claro que aceitei.

Passamos 6 meses em treinamento intensivo onde pude aprimorar meu *surf* e adquirir a confiança que eu precisava para realizar um dos meus sonhos que era fazer uma viagem de *surf* internacional. E seis meses depois eu estava embarcando para surfar num dos picos mais irados do mundo, a Costa Rica.

Um dos maiores ensinamentos que aprendi com o Victor foi que o frio na barriga é normal. Ele me dizia que o frio na barriga que sentimos antes de dropar uma onda é um bom sinal, é um sinal de que precisamos seguir em frente.

Outro aprendizado importante que o *surf* me ensinou foi olhar para onde eu quero ir. Ao subir na prancha, é muito comum os alunos iniciantes olharem para baixo com medo de cair e acabarem caindo mesmo.

Isso ficou mais nítido para mim no dia em que eu estava fotografando uma criança que fazia sua primeira aula de *surf*. O menino, que devia ter uns 10 anos, passou a aula inteira ficando em pé na prancha, mas caindo logo em seguida. Eu observei que, após ficar de pé, ele continuava olhando para baixo e era para lá que ele ia mergulhando de cabeça na onda. Eu, da areia, fiquei morrendo de vontade de gritar: "olha pra frente!"

Na última onda, ele finalmente levantou a cabeça, olhou para a areia e conseguiu surfar em pé até o final.

Somos assim, olhamos para o nosso medo em vez de olhar para onde queremos ir. O medo nos puxa para baixo. Trava nosso voo.

É preciso entender que o frio na barriga é bom, ele mostra que você está vivo e que vale a pena fazer aquilo que você teme.

> *"Voa, acredita em suas asas, põe fé no seu coração.*
> *Faz o mundo perceber que é o medo a verdadeira prisão."*
> **Victor Duran**

O Medo é outro tipo de arrasto, que é gerado pelas nossas crenças. É um arrasto que nos paralisa e nos impede de voar. Ele é uma resistência a seguir o que seu coração está pedindo. É o arrasto que faz você resistir ao seu chamado.

O medo é a ponte que separa você daquilo que você nasceu para fazer. O seu maior medo está impedindo você de viver o seu propósito.

O pior medo de todos é o medo de viver a vida que você foi chamado para viver. A vida que já é sua, mas que você resiste por medo de ousar. O medo é o principal vilão de quem quer voar. É por isso que o voo ensina mais sobre coragem do que sobre método.

O problema é que só aprende a voar quem não tem medo de cair.

Ou seja, para voar, você vai precisar encarar esse medo.

Uma dica para vencer o medo, é enfrentá-lo com uma ação imediata, pois o medo se dissipa quando fazemos as coisas que tememos. Portanto, procure algo que você tem medo de fazer e faça.

**PARTE III - TEORIA DE VOO**

## Deixe seu medo na rampa de voo livre

> *"Faça sempre o que você tem medo de fazer."*
> **Ralph Waldo Emerson**

Uma das experiências mais incríveis que vivi foi voar de asa-delta em São Conrado, no Rio de Janeiro. Além da deliciosa emoção do voo, o mais interessante dessa experiência é o que se aprende sobre o medo e sobre si mesmo na rampa de decolagem.

Ruy Marra, recordista mundial em voos duplos de asa-delta estudou o medo de mais de 2 mil pessoas na rampa de voo livre para entender a razão pela qual algumas pessoas corriam na rampa e outras não.

Como ele voava com 200 pessoas por mês, o excesso de peso que ele tinha que carregar quando as pessoas não corriam estava prejudicando sua saúde. Ele conta em sua palestra que precisava correr numa rampa de 8 metros para atingir a velocidade de 19km/h, carregando o peso da asa de 40 kg mais o peso do passageiro quando ele não corria, sobrecarregando demais seu corpo.

Por isso, ele decidiu estudar biofisiologia e neurofisiologia para entender o motivo pelo qual algumas pessoas, mesmo dizendo que correriam, chegavam na rampa e paralisavam.

Em sua palestra para o TED, ele fala sobre os medos que trazemos da nossa infância para a vida adulta. Estudando o medo das pessoas que voavam com ele por dez anos, ele descobriu que um dos medos mais comuns é o medo por modelagem. É o medo aprendido com seus pais ou alguém muito próximo a você. Por exemplo, se você ouviu sua mãe dizer que tem medo de altura, você aprendeu esse medo com ela e levou para sua vida adulta. Esse medo não é seu, mas você não sabe disso ainda.

O estudo desses medos mostrou como as pessoas são escravas do próprio passado. Ao acreditarem que não podem determinada coisa, não se arriscam.

Para uma criança que aprendeu a ter medo de altura, o voo é algo impossível. Todos os neurônios dela acreditam nisso e irão evitar ao máximo que ela chegue perto de uma situação "arriscada".

Mas graças à neuroplasticidade, que é a capacidade do nosso cérebro de se regenerar, através de novas sinapses neurais, não precisamos mais ser escravos do nosso passado.

Cientistas descobriram que o nosso cérebro cresce e muda ao longo de toda a nossa vida. Através da neuroplasticidade, o cérebro cria novos arquivos na biblioteca, trazendo infinitas novas possibilidades para você.

O voo livre é como um renascimento neural, porque faz surgir o nascimento dessa sinapse que não existia antes. É quando o neurônio abre os olhos e descobre que ele está voando pela primeira vez. E começa a contar para os outros neurônios: estamos voando! Isso é criar uma nova sinapse. Isso é o nascimento de novas oportunidades.

Para Ruy, a rampa de voo livre é uma metáfora do renascimento que acontece quando decolamos. A rampa é o local onde precisamos deixar nosso medo para trás. É uma prova de coragem, nossa vitória sobre o medo que nos paralisa.

Eu amei a minha experiência com o voo livre, mas se fazer um voo livre não estiver nos seus planos, tudo bem. O importante é você encontrar sua própria rampa de decolagem e abandonar o medo para alçar novos voos.

## Aprenda a controlar seu medo e liberte-se dele

*"Porque o medo não faz com que você se apague, ele faz com que você acenda. Já vi isso acontecendo com você. É fascinante!"*

**Four** - **Filme Divergente**

Quando há uma compreensão sobre o medo, há um entendimento de todos os problemas relacionados a esse medo. Quando não há medo, há liberdade.

Em geral, não fomos orientados a ter entendimento dos nossos medos, a olhar para dentro e refletir sobre eles.

No filme Divergente, uma das minhas cenas preferidas é a simulação do medo da personagem Tris Prior, interpretada por Shailene Woodley.

Recém-chegada na facção Audácia, Tris precisa passar por um teste chamado "paisagem do medo", onde os iniciantes são submetidos a uma simulação dos seus piores medos, até que eles se acalmem ou façam algo que desafia o medo. A maioria dos iniciantes têm mais de 10 medos. Tris Prior só tinha 6 medos, razão pela qual ela foi identificada como divergente.

Durante esse teste, Tris se sai tão bem que logo o instrutor que aplica o teste, *Four* (Theo James) desconfia que ela é uma divergente, pois age de forma diferente dos demais. Ele que também é divergente ajuda a esconder esse fato, já que como os divergentes não podem ser controlados, são exterminados.

Percebendo isso, *Four* conclui com a frase: "O medo não te paralisa, ele te acorda."

Quando ela percebia que estava numa situação perigosa e sentia medo, ela enfrentava o medo "partindo pra cima" e logo descobria que aquilo não era real.

Por exemplo, quando ela estava numa caixa cheia de água, ela afunda, mantendo a calma, entende que aquilo não é real, toca o vidro com a unha e o vidro se quebra libertando-a.

Isso mostra que quando você começar a enfrentar aquilo que trava sua vida, você vai dominar o que o limita. Portanto, pare de fugir do que tem medo. Decida enfrentar seu medo hoje.

Para ajudar você a identificar seus medos, selecionei 3 principais medos que impedem o seu voo.

## Medo do fracasso

> *"Nossa maior fraqueza está em desistir. O caminho mais certo de vencer é tentar mais uma vez."*
> **Thomas Edison**

Algumas pessoas não decolam por medo de fracassar. Para elas, o fracasso seria o fim, uma vergonha total. Acontece que nem sempre você chega ao destino certo de primeira. Às vezes você insere a proa errada, faz um cálculo errado, se perde na navegação, mas o importante é entender que nem tudo está perdido, pois na aviação nós aprendemos com os fracassos.

A cultura dessa indústria possibilita extrair lições e transformar tragédias em oportunidades de aprendizado. Se você levar essa mentalidade para sua vida, vai mudar totalmente a forma como enxerga as situações negativas, os problemas, os fracassos.

Você será capaz também de transformar as tragédias da sua vida em oportunidades para aprender e crescer.

Muitas vezes, queremos evitar o fracasso a qualquer custo, mas se pensarmos que mais importante do que conquistar um objetivo é a sua transformação que acontece ao longo do processo, o fracasso deixa de existir. Porque a pessoa que você se transformou já valeu tudo.

Esse é o maior resultado. Todas as nossas experiências, boas ou ruins, são positivas quando escolhemos aprender com elas.

Comece a pensar que você nunca perde. Ou você ganha ou você aprende.

Na sua vida, você deve entender que não precisa ter medo do fracasso, porque ele não existe. Tudo o que você faz gera resultados. Carregue esse princípio com você: não existem fracassos, apenas resultados. E se não era o resultado que você queria, mude suas ações para produzir novos resultados.

Muitas pessoas fracassaram na vida sem perceber quão perto estavam do sucesso quando desistiram. Portanto, não desista no primeiro tombo, aprenda com o resultado e faça diferente da próxima vez.

Vamos falar sobre isso com mais profundidade no capítulo sobre o maior legado da aviação.

## Medo do sucesso

> *"Quando nos libertamos do nosso próprio medo, a nossa presença automaticamente libertará outros."*
> **Marianne Williamson**

Um medo muito comum nas pessoas que querem voar é o medo do sucesso.

Isso acontece porque algumas pessoas associam o sucesso à inveja, pensam que, se forem bem-sucedidas, vão perder amigos e familiares, que se sentirão por baixo ou que ficarão para trás.

Existe até mesmo na cultura popular a crença de que o sucesso atrai tragédias. E, por esse medo, elas permanecem empacadas no mesmo lugar.

De fato, algumas pessoas naturalmente irão se afastar de você a partir do momento que você começar a mudar, mas isso é totalmente normal. Não se preocupe com isso, pois as amizades verdadeiras, estas permanecem.

Por outro lado, algumas pessoas se sentirão inspiradas por você e talvez queiram seguir seus passos. É como se o seu sucesso estivesse dando permissão para que elas também tenham sucesso na vida.

A beleza disso é que, ao deixar o seu medo do sucesso de lado, você permitirá não apenas o seu sucesso, mas também o de outras pessoas que se espelham em você.

## Medo do julgamento

O medo do julgamento tem paralisado você?

Você já deixou de começar um novo projeto por medo do que iriam pensar?

O medo do julgamento faz você se preocupar tanto com a vida dos outros que vai matando a sua própria vida.

Esse medo vem da sua necessidade de aprovação das outras pessoas.

Entenda que você não precisa ser refém da aprovação de ninguém, pois a pessoa mais importante já o aprovou: Deus. Ninguém tem permissão de aprovar você, senão Deus.

Então não mate seus sonhos por medo do julgamento de outros que não lhe devem nada. Essas pessoas não são juízes para julgar a sua vida. E se for pensar bem, a verdade é que as pessoas não vivem em função do que você faz e deixa de fazer. Cada um está mais preocupado com o seu próprio umbigo.

No livro *Os quatro compromissos*, Don Miguel Ruiz diz que: "O que quer que aconteça em volta de você, não leve para o lado pessoal. Nada que os outros fazem é por causa de você. É por causa deles mesmos".

Críticas vão existir, não podemos controlar o que falam de nós, mas podemos controlar como vamos reagir ao que dizem.

Esses foram os três medos mais comuns das pessoas que querem voar, mas que ainda estão no solo. O curioso é que o nome do instrutor do filme Divergente é *Four* – quatro em inglês – número que representa a quantidade de medos que ele possui.

E se você somasse todos os seus medos, qual seria o seu nome?

Faça uma lista dos seus medos e descubra.

## Um antídoto para o medo

*"Ei, medo, eu não te escuto mais. Você não me leva a nada."*
**Jota Quest**

Vimos que o medo está interligado às nossas crenças. O mais interessante é que a maior parte do nosso medo não está relacionado a um perigo imediato, que está acontecendo nesse momento, mas sim de algo que pode vir a acontecer. Ou seja, o medo está no futuro. Não podemos lidar com algo que está no futuro. Só podemos lidar com o momento presente. Por isso, concentrar-se no agora é o melhor antídoto para o medo.

Para voar, você precisa estar no agora, porque o voo só acontece no agora. O foco do piloto deve estar no momento presente sempre. Isso é voar.

Você precisa praticar a habilidade da presença, a atenção plena ou *mindfullness*. Para isso, basta você utilizar os seus sentidos. Estar de corpo e alma nos lugares. Estar por inteiro. Não deixar a mente vagar em hipóteses futuras.

Estar na presença é olhar com olhos que veem, ouvir com ouvidos que ouvem, sentir com coração que sente. Porque na maioria das vezes nós olhamos, mas não vemos, escutamos, mas não ouvimos, estamos juntos, mas não estamos sentindo.

Uma dica para praticar a atenção plena é você pensar apenas no que está vendo na sua frente. Por exemplo: se estou tomando banho, eu só posso pensar na água do chuveiro, no cheiro do sabonete, na espuma do xampu; posso sentir a água caindo no meu corpo, levando todo o peso, todo estresse; posso sentir gratidão por essa bênção que é ter água saindo de um cano. Se em todos os momentos você apenas pensar no que está acontecendo na sua frente você estará na presença.

Foque apenas no que você vê, nos sons que você ouve, no que você sente. Preste atenção a sua respiração, sinta o ar entrando e saindo do seu corpo. Sinta as texturas, o toque das coisas que o cercam.

Se deixar de focar no futuro e focar apenas no presente, o medo não terá espaço para existir.

Daniel Goleman ensina que sempre que você estiver diante de um desafio, esfregue suas mãos rapidamente e diga: "amo desafios". Assim, você comunicará ao seu cérebro que você vai dar conta.

Por fim, nunca deixe que o medo de cair o impeça de voar mais alto.

## ARRASTO PARASITA

Existe um arrasto no avião que é chamado de arrasto parasita. Esse arrasto é gerado por todas as partes do avião que não produzem sustentação, como por exemplo, a fuselagem e a carenagem da roda.

Na sua vida, esse arrasto parasita é produzido por tudo aquilo que o afasta do seu porquê. São as distrações, a procrastinação, o tempo que você perde fazendo coisas inúteis, como, por exemplo, nas redes sociais, maratonando séries sem parar, assistindo vídeos sem sentido, entrando em discussões que não mudam nada na sua vida. São as coisas que não o levam a lugar nenhum, pois não estão alinhadas com seu propósito, por isso geram um arrasto no seu voo e o impedem de avançar.

Eles são, como o nome já diz, parasitas que estão só produzindo resistência ao seu avanço.

Identifique pelo menos 3 arrastos parasitas da sua vida hoje:

## Não deixe para amanhã o voo que você pode fazer AGORA

Se nossa vida é o que acontece agora, por que nossa mente insiste em nos levar para o passado ou futuro? Porque em nenhum desses lugares você consegue produzir.

A ação só acontece no agora. E uma das consequências disso é a procrastinação.

A procrastinação rouba a sua alma.

A procrastinação é um dos mais graves tipos de arrasto e, ao contrário do que muitos pensam, ela não significa que você é uma pessoa preguiçosa. Na verdade, a sua procrastinação provavelmente é derivada de alguns fatores.

A procrastinação é a busca pelo prazer imediato. O prazer é imediato, mas a dor é futura.

Por exemplo, a pessoa que fuma, tem um prazer imediato ao fumar, mas a dor futura é uma doença. Assistir uma série agora em vez de estudar é um prazer imediato, mas a dor futura é uma nota ruim, uma reprovação.

Em geral, as coisas que nos fazem bem, nos dão uma dor imediata e um prazer só no futuro. Por exemplo: estudar agora é ruim, mas lá na frente vai me dar o prazer da aprovação.

A dica é: não troque aquilo que você mais quer na vida por aquilo que você quer nesse momento.

A busca pela perfeição também é outra causa para a procrastinação. Você não age porque está sempre esperando o momento perfeito, as condições ideais, a sua preparação exemplar.

E sabe quando você vai agir assim? Nunca. Porque perfeição não existe.

Você só pode aperfeiçoar o que já foi feito. Se nunca fez, não tem como aperfeiçoar.

Apenas comece. Comece com o que você tem, mas comece agora. No caminho você ajeita.

Lembre-se: você precisa de progresso, não de perfeição.

**Exercício:**
Defina as 3 coisas mais importantes para fazer hoje:
Estabeleça um horário para cada tarefa.
Seja impecável com a sua palavra e cumpra!

## Coragem é a alma ganhando asas

> *"Coragem é a primeira das qualidades humanas porque garante todas as outras."*
> **Aristóteles**

Um dos relatos mais extraordinários da Bíblia sobre coragem e que inspirou o filme 300 é a história de Gideão.

Gideão foi escolhido para libertar Israel dos midianitas por sua coragem. Apesar disso, ele questiona como faria isso, já que sua família era uma das mais pobres e ele se achava a pessoa menos importante de sua família.

Mas Deus disse que estaria com Gideão e, por isso, ele conseguiria a vitória apesar de suas condições.

Só o início dessa história já nos ensina muito sobre coragem e confiança em Deus. Quando temos coragem, Deus vai conosco e não precisamos olhar para nossas condições atuais. No entanto, Deus ordena que sejamos corajosos. A coragem quem gera é você. O primeiro passo quem dá é você. O piloto continua sendo você. Mas às vezes esquecemos de pedir a ajuda de Deus e deixamos de fazer as coisas com base em nossa capacidade.

Gideão tinha 32 mil homens para guerrear contra os midianitas e a primeira orientação de Deus foi mandar voltar para casa todos os que tinham medo. Voltaram 10 mil homens.

Imagina agora Gideão com um terço dos seus homens para guerrear contra 130 mil do inimigo. Sem contar que os 130 mil eram soldados e os homens de Gideão eram trabalhadores rurais.

Mas Deus ainda achava que era muita gente. Por isso mandou fazer mais um teste. Mandou os homens beberem

## PARTE III - TEORIA DE VOO

água no rio. Aqueles que lambessem a água com a língua como fazem os cachorros deveriam ser separados daqueles que se ajoelhavam e levavam a mão à boca para beber, estes seriam os escolhidos.

Dentre eles, 9.700 homens lamberam como cachorro e apenas 300 levaram a mão à boca. No fim, de 32 mil homens, Gideão ficou com apenas 300.

Os 300 que não curvam a cabeça para condições, para adversidades, os que estão com a cabeça erguida vigilantes. E aqueles homens que não baixaram a cabeça foram os corajosos de Gideão.

Aqueles 9700 não conheciam sua identidade, por isso se comportaram como cachorro. Mas os que sabem quem são levantam a cabeça. Foram 130 mil contra 300. E o mais incrível é que os 300 venceram.

Gideão separou os 300 em 3 grupos e deu a cada homem uma corneta de chifre de carneiro e um jarro com uma tocha dentro.

Foram ao acampamento inimigo e, perto da meia-noite, durante a troca da guarda, em um só toque tocaram as cornetas e quebraram os jarros de uma vez só.

Os 300 de Gideão ficaram parados em volta do acampamento enquanto o exército inimigo fugia aterrorizado matando uns aos outros.

Sabe por que 300 venceram 130 mil? Porque a coragem sempre vence o medo. Quando a coragem de 300 invadiu o acampamento, o medo fez os 130 mil saírem correndo.

Quando você tem medo, você corre.

Deus não mandou os 32 mil porque tinha muitos medrosos no meio. E gente medrosa contagia os outros medrosos. O medo contagia, por isso o medo rapidamente contaminou aqueles soldados e os 130 mil homens medrosos valeram menos do que 300 ousados com estratégia.

Quem tem medo não voa.

A gente costuma ouvir que é pra ir com medo mesmo. Não faça isso! Em nenhum momento na bíblia Deus manda você ir com medo. Pelo contrário, Deus diz: NÃO TEMAS. Ele manda você ser corajoso porque Ele vai ajudá-lo. Em 1 João 4:18 está escrito que no amor não há medo antes o perfeito amor lança fora o medo.

Não vá com medo. Trate seu medo primeiro e gere coragem dentro de você.

O segredo é levantar sua cabeça, assumir sua identidade de imagem e semelhança do criador, sentir-se amado por Deus e o verdadeiro amor vai lançar fora todo medo.

Você faz parte dos 300?

## Gerando coragem

> *"O sucesso não é o final; o fracasso não é fatal. O que conta é a coragem para seguir em frente."*
> 
> **Winston Churchill**

Interessante observar que a palavra coragem é a união de duas palavras: coração e ação. Portanto, coragem é colocar o coração na ação, é agir com o coração.

Nesse sentido, é importante lembrar que em Jeremias 17.9 lemos que "enganoso é o coração, mais do que todas as coisas. E desesperadamente corrupto; quem o conhecerá?"

Nosso coração é o centro, o âmago do nosso ser, das nossas emoções, das nossas vontades. Em provérbios 4.23 está escrito que é do coração que procedem as fontes da vida. Em Lucas 6.4-5 diz que "o homem bom do bom tesouro do coração tira o bem, e o mau do mau tesouro tira o mal, porque a boca fala do que está cheio o coração".

Por isso, é preciso ter muito cuidado, pois da mesma forma que existe coragem para fazer o bem, existe coragem para fazer o mal.

Se o nosso coração não estiver em Deus, nossas motivações não serão corretas e agir com o coração pode não ser uma boa escolha.

É Deus quem sonda e conhece os corações. Se o seu coração está em Deus, coragem! Mas se não, revise suas motivações antes de ter coragem para agir de forma errada.

Por que a coragem é tão importante para o voo?

Porque sem coragem você não age com o coração. Se é do nosso coração que surgem nossos sonhos, se não alimentarmos nossa coragem, podemos chegar a um ponto em que não nos permitiremos nem sonhar mais.

Logo você vai pensar: para que eu vou sonhar, se eu sei que não vou ter coragem para realizar? Se você não tem coragem, não adianta ter vontade. Você terá a sensação de não merecer sequer sonhar.

A melhor forma de combater o medo é gerando coragem. Você não precisa esperar a coragem aparecer do nada, você precisa gerar coragem.

Eu estou sempre me desafiando a fazer coisas que instiguem essa coragem dentro de mim. Eu tive coragem de entrar numa profissão inédita, a primeira turma de mulheres aviadoras, depois tive coragem de sair dessa carreira promissora e de começar outra do zero quando parou de fazer sentido para mim, coragem de viajar sozinha, de praticar esportes radicais, e finalmente escolher a vida que eu quero viver.

Claro que alguns movimentos deram medo no início, mas como eu tinha adquirido uma bagagem de coragem acumulada eu pude lembrar desses momentos em que eu fui corajosa e replicá-los na situação que estava me deixando com medo. Exercício: registre na sua caderneta de voo 3 momentos em que você agiu com coragem.

Depois continue alimentando-a com outros momentos de coragem que você experimentará daqui para frente.

## OBRIGADA POR COMPARTILHAR

*"Ninguém pode te fazer se sentir inferior sem o seu consentimento."*
**Eleanor Roosevelt**

Quando você começar a fazer os primeiros movimentos em direção à pista, algumas pessoas podem surgir para tentar frear seu avião.

Porque o seu movimento evidencia quem está parado. Algumas pessoas se sentem criticadas por permanecerem no mesmo lugar enquanto você escolheu decolar e, por isso, irão criticá-lo.

Quando isso acontecer, não leve a mal, entenda que a sua liberdade é demais para quem não sabe voar.

Quem quer levantar voo sempre vai encontrar oposição de quem não tem coragem de sair do chão.

O que você precisa fazer é não permitir que essas críticas o atinjam. Seja como um rio que, quando alguém lança uma chama, apaga o fogo ao ser atingido.

Aprenda a dizer as 3 palavrinhas mágicas: obrigada por compartilhar.

Agradeça a opinião da pessoa, mas diga que você já tem a sua própria e prefere ficar com ela.

A MAIOR TRAGÉDIA DA VIDA NÃO É A MORTE, MAS A VIDA SEM UM PROPÓSITO.

## A pressão gera sustentação

> *"Nós não pedimos para ser eternos, mas apenas para não ver os atos e as coisas perderem o seu sentido."*
> **Antoine de Saint-Exupéry**

Num voo, o ar escoa pela asa de um avião com mais velocidade no extradorso do que no intradorso, devido à sua curvatura mais acentuada, assim, a pressão diminui no extradorso produzindo uma força dirigida para cima e para trás. Essa força se chama Resultante Aerodinâmica (ou Sustentação) a qual passa por um ponto chamado Centro Aerodinâmico ou Centro de Pressão.

A asa de um avião possui um único ponto capaz de gerar sustentação: o Centro de Pressão. Ou seja, é na pressão que a sustentação aparece.

Você também precisa de pressão para voar. Sem pressão não tem sustentação. Canalize toda pressão externa que você receber, coloque pressão em tudo o que você fizer. É desse centro de pressão que virá a sustentação que você precisa para decolar.

Muitas vezes, é nas situações mais difíceis, nos momentos em que mais sofremos pressão que conseguimos forças para sair do lugar que estamos e viver o extraordinário.

Viktor Frankl foi um judeu que viveu três anos em condições terríveis no campo de concentração de Auschwitz e hoje é reconhecido como um dos maiores psiquiatras da história, criador de um método terapêutico baseado na busca pelo sentido da vida. Preso no campo de concentração, ele escreveu um livro chamado *Em busca de sentido*, onde ele comprova que a única liberdade que o homem não perde é a liberdade de escolher a atitude que ele terá diante das situações que ele vive.

## PARTE III - TEORIA DE VOO

A teoria de Viktor Frankl é que os judeus que conseguiram sobreviver ao holocausto foram aqueles que conseguiram enxergar algum propósito na vida, algum sentido em continuar vivo, apesar das circunstâncias. Aqueles que se agarraram ao seu porquê.

Ele conta que, algumas vezes, os prisioneiros ganhavam, em troca do seu trabalho, alguns cigarros e eles usavam esses cigarros como uma moeda de troca para conseguir outras coisas, como uma comida, já que eles passavam fome muitas vezes e alguns preferiam suprir essa necessidade básica e continuar vivendo.

Porém alguns prisioneiros não faziam isso. Quando ele observava o prisioneiro fumando o próprio cigarro, era um sinal de que aquele homem tinha desistido mesmo de viver.

O fato de Viktor estar escrevendo aquele livro foi um baita porquê para ele. Ele já tinha perdido seus familiares, mas escolheu se agarrar a escrever um livro.

Viktor concluiu que quem tem um porquê enfrenta qualquer como.

Na Academia da Força Aérea, os cadetes passam pelo estágio de adaptação justamente para testar a força do seu porquê. É um período de quarentena onde nossos limites são testados ao máximo, para ver quem deseja realmente estar ali. Muitos pedem para ir embora, pois no fundo não querem aquilo de verdade. Todos aqueles desafios das primeiras semanas eram uma prova e aqueles que tinham convicção do seu porquê passavam nela.

A pergunta mais importante que você deve fazer é: por que você quer o que você quer?

Quando você começar pelo seu porquê você vai gerar mudança na sua vida.

Quando você não sabe o porquê precisa fazer determinada coisa, é muito mais fácil desistir.

É isso que vai motivar ação. E o seu porquê vem de dentro.

No treinamento militar, eu aprendi que quando o corpo acha que chegou no limite ele ainda não chegou, ele ainda tem 40% extra.

Eu pude comprovar essa tese em várias oportunidades. Nas extenuantes corridas em forma, quando minhas pernas queriam parar eu usava os 40% da minha mente.

Nas longas marchas durante os exercícios de campanha, com mochila pesada e fuzil, quando meus pés não aguentavam mais, eu tirava força dos 40%.

Durante os exercícios de sobrevivência na selva e no mar, quando a fome apertava eu lembrava que ainda aguentava mais 40%.

Esse pensamento me ajudou a superar diversos desafios na vida. Basta você se perguntar onde está esse recurso. E daí você vai descobrir que os 40% são exatamente o seu porquê, o seu propósito. Seu porquê é aquilo que garante 40% de energia a mais nos momentos em que você estiver sob mais pressão.

## O seu juramento

Quando entrei para a Aeronáutica, uma das primeiras solenidades de que participei foi o juramento à bandeira. Todos os cadetes da minha turma prestaram continência à bandeira e realizaram o seguinte juramento: "Incorporando-me à Força Aérea Brasileira, prometo cumprir rigorosamente as ordens das autoridades a que estiver subordinado, respeitar os superiores hierárquicos, tratar com afeição os irmãos de armas, e com bondade os subordinados, e dedicar-me inteiramente ao serviço da Pátria, cuja Honra, Integridade, e Instituições, defenderei com o sacrifício da própria vida."

Esse juramento é um compromisso feito perante a Bandeira Nacional de lealdade, da aceitação das obrigações e deveres militares e o compromisso de defender a pátria com o sacrifício da própria vida.

Todos nós deveríamos fazer um juramento ao que tem maior valor na nossa vida. A que ou a quem você se dedicaria inteiramente?

O que você defenderia com o sacrifício da sua própria vida se fosse preciso?

Essa é uma ótima forma de encontrar o seu porquê.

Anne Frank escreveu em seu diário: "Não quero ter vivido em vão, como a maioria das pessoas. Quero ser útil, ou trazer diversão a todos, mesmo àqueles que nunca conheci. Quero continuar vivendo, mesmo depois da minha morte".

*O que você quer?*
*Por que você quer?*

Escreva em uma frase o seu porquê.
Leia essa frase todos os dias pela manhã.

## TRAÇÃO

*"Muitas pessoas sabem o que fazer, mas poucas realmente fazem o que sabem. Saber não é o bastante. Você precisa agir."*
**Anthony Robbins**

Você destravou os comandos, retirou os pesos desnecessários, diminuiu o arrasto, gerou sustentação, e agora?

Agora você precisa de tração. A tração é a força que impulsiona seu voo para frente. Sem tração você é apenas um planador, pode até subir numa térmica ou outra, mas seu alcance será limitado.

Nos aviões, a tração é a força resultante do motor. Na sua vida, o que vai gerar tração no seu voo é a ação.

Não adianta você ficar apenas na intenção, sonhando com o voo, mas não se mexer. Toda intenção precisa de ação.

Até as jornadas mais longas começam com o primeiro passo.

A tração é a sua potência, ela o impulsiona, lhe dá força de vontade; determinação.

Seja qual for o destino do seu avião, você não chegará lá até começar a agir. O desafio é dar o primeiro passo. É entrar em movimento. Porque depois que você entra em movimento, você ganha velocidade e, quando ganhar velocidade, o ar vai escoar pelas suas asas e gerar sustentação para você decolar.

E uma ação após outra, você vai voando cada vez mais longe.

## O voo pede movimento

> *"A coisa mais difícil é a decisão de agir,*
> *o resto é apenas tenacidade."*
> **Amelia Earhart**

Para levantar voo, você precisa ganhar velocidade, porque se o avião não atingir a velocidade mínima de sustentação, ele não voa.

Para a sustentação acontecer, a asa precisa se movimentar. Numa aeronave de asa fixa é o deslocamento horizontal do avião que vai gerar a sustentação. Já na aeronave de asas rotativas é o movimento de rotação do rotor principal que faz essas asas gerarem essa sustentação.

Independentemente do tipo de voo, uma coisa é certa: o voo pede movimento.

## PARTE III - TEORIA DE VOO

Quanto maior a velocidade, mais sustentação e mais fácil esse avião vai ser puxado para cima por essa força de sustentação. Porque, para voar, você precisa estar em movimento.

Na Califórnia, existe um lugar muito inusitado chamado Racetrack Playa (Planície ou Praia dos rastros) famosa por um fenômeno muito curioso que acontece por lá: as pedras andam!

Misteriosamente, pedras enormes são encontradas com um rastro de movimento atrás de si marcado no solo sem sinal de intervenção humana ou animal algum.

Isso se deve ao fato de se formar uma camada de gelo na superfície, fazendo com que, após o gelo derreter, o vento acabe movendo essas pedras para frente.

O mais incrível nessa história é perceber que, se até as pedras andam, por qual motivo você ainda está parado?

Se até as pedras usam o vento a seu favor para sair do lugar, por quanto tempo você vai permanecer estacionado?

Nós não fomos feitos para ficarmos parados. Você nasceu com asas.

O preço de ficar parado é alto demais. A lei da inércia cobra seus efeitos. Ela diz que um corpo parado permanece parado e um corpo em movimento, permanece em movimento em linha reta e sua velocidade se mantém constante. Por isso, esteja sempre em movimento. Deus não investe em quem está parado.

Você não precisa de uma mudança radical, você só precisa sair da situação de inércia.

Muitas vezes, sair da inércia é o mais difícil. A decolagem é a fase do voo que mais consome combustível. Por isso, você não deve gastar sua energia com coisas fúteis, para não ficar sem combustível para decolar.

Avião parado não voa. O voo só acontece para quem está em movimento.

**SE É A SUA PAIXÃO, O VOO É INEVITÁVEL.**

PARTE III - TEORIA DE VOO

## O que faz seu coração bater mais forte?

> *"Nada grandioso jamais foi realizado sem entusiasmo."*
> **Ralph Waldo Emerson**

O pássaro é empurrado para fora do ninho para voar. O seu chamado também vai empurrá-lo assim como o pássaro, porque seu chamado é o empurrão para o seu voo acontecer.

Chamado é uma ligação com o coração. Quando o coração atende, a chamada fica contínua. É a sua devoção ao que ama de verdade que lhe dá coragem para sair do conforto do ninho.

A paixão direciona e a coragem o move para a ação. Paixão é a mira e coragem é o tiro. Mas muitas pessoas têm medo de seguir sua paixão.

A professora de administração da Pace University, Melissa Cardon, que se dedicou ao estudo da paixão empresarial ensina que a paixão mobiliza a energia da pessoa e reforça o seu compromisso com a missão. "A paixão catalisa experiências emocionais completas, incluindo o engajamento do cérebro e as reações do corpo."

Para ela, paixão é "um intenso sentimento positivo por algo de extrema importância para você, como indivíduo."

A paixão é fundamental para a autoidentidade. As pessoas não podem separar sua paixão de quem são. A paixão é central para o ser de uma pessoa.

Encontre sua paixão, ela é um elemento essencial da sua identidade. Depois de encontrá-la, pense em como você pode incorporar sua paixão ao que você já faz hoje.

Você só vai encontrar seu chamado em movimento e o movimento é gerado pela dor, pelo desconforto de ter que sair do ninho. Mas decida voar apesar da dor. Tenha coragem de seguir sua paixão.

**Quando você der um passo, Deus dará o dele na sua direção.**

## Tira o pé do chão que Deus lhe dá sustentação

Para entrar na Terra Prometida, o povo precisava atravessar o Rio Jordão em época de cheia. E, para isso, Deus deu a instrução de que primeiro os sacerdotes deveriam pisar na água. O primeiro passo deveria ser dado por eles. Era preciso confiar antes de ver o milagre. Crer para ver. É dar o passo inicial mesmo quando e onde não consigo ver coisa alguma.

O propósito não é um destino, é um percurso. Você não precisa saber todos os passos para dar o primeiro. Você precisa dar o primeiro, porque, ao dar um pequeno passo, você já não estará no mesmo lugar. E desse lugar novo, seu ponto de vista muda, coisas acontecem, pessoas aparecem, situações novas surgem.

Quando você sai do lugar, você não tem mais compromisso com a inércia, somente com o voo.

Eu lembro de uma vez que eu estava me sentindo sem propósito na vida e me matriculei num curso de desenvolvimento pessoal. Na mesma semana que o curso começou, um livro simplesmente apareceu para mim num estande de empréstimo de livros que tinha na igreja que eu frequento. O título do livro era: *Uma vida com propósitos*, de Rick Warren. É um livro sensacional que me ajudou muito nesse processo e bastou eu entrar em movimento que tudo foi se encaixando.

É assim que acontece. Quando você dá o primeiro passo, livros surgem do nada, novas pessoas se conectam a você, um vídeo aparece nos sugeridos do YouTube e outras providências divinas começam a pipocar.

Mas você fica esperando Deus abrir o mar para dar o passo, enquanto Ele está só esperando você colocar o pé.

Dá o passo que a aerodinâmica faz o resto. Você não precisa querer enxergar o longe, mas sim fazer algo com o que está bem na sua frente.

Quando eu saio do lugar, já não sou o mesmo. Eu dou um passo, já vejo uma condição diferente. Dou outro passo, ganho velocidade, dou outro, ganho sustentação, dou outro, voo.

Você não precisa enxergar o final, o seu propósito é uma rota. É durante o voo que tudo vai se encaixando. Como o farol que só ilumina os 200 primeiros metros, o seu percurso também é assim, você anda e ele ilumina os próximos passos.

Tenha sempre em mente que, para voar, você precisa primeiro ganhar velocidade e só ganha velocidade quem sai do lugar, quem dá o primeiro passo.

Ao entrar em movimento, você fica motivado porque ação gera motivação. Já a inação acaba com a motivação.

O segredo para começar a se mover é fazer perguntas. Quando você faz pergunta, você sai do lugar.

Qual seria um pequeno primeiro passo que você pode dar hoje?

## Plano perfeito não existe

Na aviação, existe um termo que representa as condições perfeitas para o voo: CAVOK. Significa que prevalece uma visibilidade de 10 km ou mais, com nenhuma nuvem existente abaixo de 1.500 metros, ausência de nuvens do tipo CB e de qualquer fenômeno de tempo significativo para a aviação, ou seja, praticamente um "céu de Brigadeiro".

Acontece que na nossa vida se formos esperar as condições de voo CAVOK, sabe quando iremos decolar? Nunca!

Um dos maiores inimigos da ação é o perfeccionismo. Saiba que o perfeccionismo é a máscara que nós usamos quando estamos com medo de falhar.

A criação de um mundo ideal, de condições de voo CAVOK só existem na sua mente. Não existe plano perfeito. O plano serve apenas para os órgãos de controle autorizarem sua decolagem. Você pode e deve ajustá-lo durante a rota. Você vai precisar ajustar as interferências que surgirem. Por isso, não espere pelas condições perfeitas, porque elas não existem.

O seu voo é livre. Você é o piloto que fará as escolhas de proa, de nível de voo, de mudanças de rota, de aeródromo de destino.

É durante o trajeto que você vai checar cada etapa.

Você não precisa do plano perfeito porque ele vai mudar. Quando você sai do lugar, você já não é mais o mesmo, a condição não é mais a mesma, então você vai perceber coisas novas, você terá oportunidades novas, que talvez façam com que o destino que você colocou no plano, nem faça mais sentido.

Abandone a ideia do plano perfeito. Apenas comece com o que você tem hoje.

## Calços fora

*"A mentira mais comum é a que um homem usa para enganar a si mesmo."*

**Friedrich Nietzsche**

"Mãe, decidi que eu não vou mais falar mentira."
"Sobre o que você estava mentindo, filha?"
"Eu estava mentindo para mim mesma."

Esse foi o diálogo que tive com minha filha de 10 anos. Ela descobriu cedo que "mentir para si mesmo é sempre a pior mentira".

Os calços do avião servem para segurar suas rodas quando ele está estacionado. Somente após a partida, e no início do táxi, o piloto sinaliza para o mecânico o sinal de "calços fora".

Os calços do seu avião são as suas desculpas, a sua vitimização, as mentiras que você conta para você mesmo e para os outros.

Assim como se estiver com os calços, as rodas do avião não giram e ele não consegue taxiar, você também não sai do lugar enquanto estiver dando desculpas.

Dar desculpas é mentir para si mesmo. Você permanece estacionado na vida porque tem uma desculpa para tudo. Você dá desculpas em vez de dar o seu melhor. Enquanto você ficar contando histórias para você mesmo e para os outros você não vai sair do lugar.

Quais são as histórias que você conta para não fazer o que precisa ser feito?

A desculpa que as pessoas mais gostam é justificar de onde elas vieram. Pare de usar o seu passado como desculpa.

Quando Deus chamou Gideão para libertar Israel, ele disse que era o menos importante de sua família. Moisés disse que era gago. Abraão disse que era velho demais.

Mas Deus não engoliu as desculpas de nenhum deles. Todos esses homens só saíram do lugar quando retiraram os calços das suas desculpas.

As desculpas o paralisam e você não sai nem do hangar.

Quando acabarem as suas desculpas, você vai taxiar. É no fim das suas desculpas que seus resultados começam. Porque quando você quer alguma coisa, você simplesmente dá um jeito.

Se você quer se livrar desse péssimo hábito de sempre ser vítima, pare agora e anote o que você ganha e o que você perde com isso.

Um dos principais ganhos que uma vítima tem é receber atenção dos outros.

Entenda que suas desculpas bloqueiam sua capacidade e seu resultado.

Quais são as desculpas que você tem utilizado?

Comande agora mesmo o "DESCULPAS FORA" da sua vida.

Exercício: anote três desculpas que você costuma dar e risque elas da sua vida.

Em seguida, faça perguntas. Se a sua desculpa é "não tenho dinheiro", pergunte: "como posso conseguir fazer mais dinheiro?" Se é "não tenho tempo", pergunte: "como posso priorizar o que é importante de verdade?"

NÃO SE APEGUE ÀS DESCULPAS. APEGUE-SE AO PROPÓSITO.

## Você pilota com a cabeça e não com as mãos

Quando eu comecei a fazer os voos de navegação na Academia da Força Aérea, o meu instrutor de voo me ensinou uma frase que lembro até hoje: nunca permita que o avião leve você a algum lugar onde sua cabeça não tenha chegado cinco minutos antes.

Isso era tão real, que quando a minha mente não chegava antes, a sensação era de estar sendo atropelada pelo voo. E definitivamente isso não é algo que o piloto pode se dar ao luxo.

Não vá aonde sua mente ainda não foi. Isso é viver na aleatoriedade. É o famoso "deixa a vida me levar". Não faça isso com a sua vida. A aleatoriedade mata seu voo. Não deixe o comando do seu voo na aleatoriedade.

Quando eu vivo na aleatoriedade, eu chego em qualquer lugar. Eu chego aonde minha mente não foi e posso não gostar do destino.

O contrário da aleatoriedade é a intencionalidade. É ser intencional nos seus pensamentos e atitudes. É você chegar com a sua mente antes.

Seu avião só vai aonde sua mente já foi. Você precisa chegar primeiro com a sua mente, depois seu avião chega.

O seu cérebro funciona da mesma forma. Por ele ser atemporal, não faz distinção do que aconteceu ou não aconteceu ainda, do que é real e do que é imaginário. Isso explica por que você sente nervoso, medo, empolgação vendo filmes que você sabe que é ficção. Você sabe, seu cérebro não.

É por isso que a imaginação é algo tão poderoso para alcançar aquilo que seus olhos não viram ainda. Você precisa chegar com sua mente primeiro, para que o seu corpo chegue depois.

Quem é piloto da própria vida é intencional em tudo que faz.

Então, chegue no destino com a sua mente primeiro, usando a sua imaginação, visualizando o resultado e alcançando com a sua alma, porque seu corpo acompanha o que sua mente viu.

## Relógio - mapa - terreno

A primeira navegação que o piloto aprende é feita de forma bem simples, sem a ajuda de equipamentos, como GPS por exemplo.

Nós aprendemos a nos guiar pela sequência "relógio – mapa – terreno", em que o tempo de voo corresponde a uma posição no mapa e uma posição no terreno.

Tudo começava na preparação do mapa. Com base na velocidade e no desempenho do avião, o piloto calcula o tempo que leva para atingir cada marco importante da rota.

Nós utilizávamos as cartas visuais (WAC) que são encontradas em escalas maiores para facilitar a visualização de obstáculos.

Primeiramente, o piloto marca o aeródromo de origem e de destino na carta e faz um traçado de lápis entre esses dois pontos. Em seguida, com o auxílio de um transferidor de navegação, o piloto tira a proa verdadeira para o destino, observando a declinação magnética da carta.

Em seguida, o piloto verifica na carta a distância em milhas náuticas e, com o auxílio de um instrumento chamado computador de voo, o piloto verifica o tempo de voo e o consumo total de combustível. Com a velocidade e a distância, acha-se o tempo de voo. Pelo consumo descrito pelo fabricante da aeronave, acha-se a quantidade de combustível necessária para aquele tempo de voo.

Feito isso, o piloto precisa fazer a marcação dos *check points*, que ele verificará durante todo o voo, para garantir que o trajeto será percorrido atendendo as expectativas dos cálculos.

Nós fazíamos também marcações de 5 em 5 minutos na rota, com um risquinho de lápis perpendicular, além de destacarmos as informações mais relevantes do terreno.

Isso é o planejamento do piloto. Ele precisa desse cuidado para preparar um voo, conhecer as informações vitais.

Durante o voo, o seu objetivo é sempre o próximo *check point*.

Quando você divide o seu grande sonho em *check points*, você torna a realização dele muito mais fácil e possível.

Imagina a preguiça que vai dar pensar em realizar um voo tão longo. Você não consegue ver o destino, está muito longe. O seu cérebro logo fica desanimado, pois o seu sonho está muito distante de ser alcançado. Você precisa de passos menores, de pequenas ações que, se forem feitas todos os dias, vão completar o voo inteiro.

Por que a maioria das pessoas perde a motivação? Porque não vendo progresso, não vendo resultado, elas desmotivam. Só que, às vezes, em um projeto muito grande, demoramos a ver os resultados e acabamos desistindo de algo importante.

Por isso, para não perder a motivação, você deve pegar um sonho grande e dividi-lo em *check points*, ou seja, micro passos, para que, ao alcançá-los, você se sinta progredindo em direção ao seu sonho.

Os *check points* são as suas pequenas vitórias. Comemore essas pequenas vitórias, pois elas geram estamina, que vão lhe dar o embalo para seguir voando em direção aos demais *check points* e ao seu destino final.

## A única saída é para dentro

> *"Me busco em músicas que dão ritmo ao que sinto de forma silenciosa, e me busco em trechos de livros que revelam ideias que mantenho ainda embaralhadas."*
>
> **Martha Medeiros**

Na decolagem, o piloto zera o cronômetro e a navegação tem início. Após a saída e com a proa do destino, o avião já estará voando a rota traçada no mapa. Agora é só obedecer à sequência relógio-mapa-terreno. Eu olhava o relógio, 5 minutos, olhava no mapa e percebia alguma referência do local que eu estimei estar passando, depois olhava para fora e checava a referência no solo. Quando o aluno conseguia se localizar no mapa, ele estava "plotado" no terreno.

Um dos erros comuns era o aluno olhar para fora primeiro e querer achar no mapa o local que ele estava.

Se fizer na ordem errada, você corre o risco de se perder.

É preciso confiar primeiro no seu planejamento, verificar o tempo, olhar seu mapa e depois bater com as informações no terreno. Primeiro se olha para dentro e depois se olha para fora.

Você também precisa olhar para dentro antes de olhar para fora. Pare de procurar fora quando o que você precisa está bem aí dentro.

## Não é falta de vida fora, é falta de vida dentro

> *"A fuga nunca levou ninguém a lugar nenhum."*
> **Antoine de Saint-Exupéry**

Muitas pessoas encontram na fuga uma satisfação momentânea para suas frustrações: talvez um trabalho sem propósito, uma rotina sem alegria, relacionamentos vazios, uma vida morna. Passam seus dias no piloto automático, acordando sem querer acordar, indo para um lugar que não gostam, para fazer o que não querem, vivendo sem querer, como pessoas que morreram em vida.

Essa fuga pode se refletir em querer comprar algo novo, mudar de emprego, sair, viajar. Normalmente, as fugas transformam-se em vícios, como vício em compras, em bebidas, drogas. Porque elas querem fazer qualquer mudança externa que traga uma satisfação interna ao menos momentânea.

Mas essa não é a mudança que você precisa fazer e, por isso, toda vez que você muda, o sentimento de felicidade desaparece quase na mesma velocidade.

Sabe por quê? Porque você continua a mesma pessoa e, aonde você for, você estará lá. O que quer que você faça, ainda é você fazendo. Nada mudou.

É como dar comida de mentirinha para a sua alma. Você até mata a fome dela na hora, mas ela continua desnutrida.

Eu passei por isso quando me senti infeliz na minha carreira. Eu fazia vários concursos tentando aplacar essa insatisfação com o trabalho. Eu sempre achava que a felicidade estaria no próximo concurso que eu fosse aprovada. Lembro que na primeira vez que vi meu nome no Diário Oficial senti um alívio tão grande. Finalmente eu estaria livre. A felicidade foi enorme, mas ela não durou muito. No exato primeiro dia no novo trabalho, eu percebi que a insatisfação continuava presente.

Porque eu não tinha mudado o que de fato precisava ser mudado: eu mesma. E aonde eu ia, eu era a mesma pessoa. Não era o local de trabalho, o problema era eu.

Eu precisava deixar morrer aquela velha versão minha, para que a nova pudesse renascer.

Nesse período, comecei a sentir uma vontade de viajar sem parar. Um pouco tentando recuperar a liberdade que tanto me faltava. Eu tinha sede de viver, de ser livre, de me aventurar, de ser feliz. Depois, eu entendi que, na verdade, eu viajava em busca de mim mesma. Eu sentia que quando eu viajava eu era quem eu queria ser, corajosa, aventureira, feliz. Eu gostava de viajar para lugares de natureza exuberante, fazia muitas trilhas porque eu queria ficar mais em contato comigo, pensando na minha vida. Dessa paixão por viagens surgiu um blog e meu primeiro livro, o *Seguindo viagem em busca de uma vida com mais significado*. Essa jornada me trouxe muito autoconhecimento.

As viagens foram uma fuga num primeiro momento, mas uma fuga que me levou para onde eu precisava ir, para dentro de mim.

O VOO MAIS
IMPORTANTE É
O QUE VOCÊ FAZ
DENTRO DE SI.

> *"A si mesmo seja verdadeiro."*
> **William Shakespeare**

Não adianta querer fugir. A saída é para dentro. Não podemos fugir de nós mesmos. Precisamos percorrer o caminho do autoconhecimento. Quanto mais você se conhecer, mais "plotado" você estará na vida.

Independentemente de onde você estiver na navegação, é só você olhar para dentro para encontrar o caminho de volta para casa. Só se perde quem sai de si mesmo.

Mas se você ainda estiver perdido na área, saiba que existe um jeito pra você.

## Onde está a Academia?

> *"Tu nos criaste para ti mesmo, e nossa alma está sem sossego até que encontre repouso em ti."*
> **Agostinho**

"Onde está a Academia?" Pergunta o instrutor de voo.

"No mesmo lugar, senhor", responde o aluno.

Essa era a pergunta mais temida nos primeiros voos da instrução aérea e que os instrutores adoravam fazer logo após um exercício de manobras e acrobacias para pegar o aluno desprevenido.

Nós decorávamos cada detalhe das cidades vizinhas, das estradas de terra e das lagoas pelas fotos aéreas da área de voo. E reconhecendo as referências visuais das cidades próximas nós poderíamos responder corretamente e conseguir voltar para casa, ou seja, pousar na Academia.

Algumas vezes, durante o voo de instrução, o aluno não fazia a menor ideia de onde estava, mas com a ajuda do instrutor encontrava o caminho de volta para casa.

Porém, se durante o voo solo ele se perdesse, como conseguiria regressar já que estaria sozinho?

Lembrando que naquela época, há mais de 20 anos, o T-25, nosso avião de treinamento básico não possuía GPS, além disso, ninguém tinha celular com Google Maps na palma da mão para se localizar como fazemos hoje quando procuramos um simples endereço – até porque o celular praticamente era artigo de luxo e o Google Maps só foi inventado em 2005 e eu fiz meu treinamento em 2004.

Por isso, não conseguir se localizar pelos "meios naturais" era um dos principais motivos que levavam à reprovação em um voo na fase do pré-solo. O outro era não conseguir pousar bem.

Então se um instrutor percebesse que o aluno não se localizava bem na área, ele não liberava no cheque, que é o voo que habilita o aluno para voar solo e se tornar 1P (primeiro piloto), como a prova final para tirar carteira de habilitação.

Mesmo passando no cheque, algumas vezes acontecia de um cadete solo se perder na área e não conseguir voltar. Após o desespero inicial, o cadete sabia que podia contar com um último recurso: a recalada.

A recalada é um procedimento em que o piloto solicita ajuda à torre de controle para determinar sua posição e regressar ao aeródromo.

Obviamente, isso não era visto com bons olhos, afinal,

o piloto não deveria estar perdido em voo e o cadete acabava com uma nota deficiente no seu voo solo.

Na nossa vida, também podemos contar com a recalada sempre que estivermos perdidos. Chame pela sua Torre de Controle. Chame por Deus. Ele vai ajudá-lo a achar o caminho de volta pra casa.

Diferentemente da instrução aérea, não seremos condenados por isso, pelo contrário, acharemos bem mais que só o caminho de volta.

Pode ser que você se sinta perdido hoje e eu quero encorajá-lo a fazer uma recalada com Deus através de Jesus.

Ele é o único caminho, a verdade e vida e ninguém vem ao Pai a não ser por Jesus (Jo 14:6).

Encontre o caminho aceitando Jesus como único e suficiente salvador, pois só Ele pode nos reconciliar com Deus e nos levar de volta para casa, nosso lar eterno.

"Porque este meu filho estava morto, e reviveu, tinha-se perdido, e foi achado. E começaram a alegrar-se" (Lc 15:24).

Sonhe o mais alto que puder. Eu sonhei tão alto, mas tão alto, que voei.

## Você só precisa escolher

*"Mas toda escolha tem suas desvantagens e você precisa ter preparo para elas. Se você decide não voar por qualquer coisa que você supõe que te prenda, lembre-se, isto também é escolha sua."*
**Augusto Branco**

Cada um de nós tem a liberdade de escolher o caminho que iremos percorrer.

Grande parte das crianças não tiveram muito poder de escolha na infância e o problema disso é que elas se tornaram adultos que não sabem fazer escolhas importantes, porque não aprenderam a fazer as simples.

Se desde cedo fosse permitido a uma criança escolher, tomar pequenas decisões, como, por exemplo, a roupa que vestir, ela aprenderia a olhar as opções disponíveis, olhar para dentro dela e identificar qual ela prefere. Isso é autoconhecimento. Você olha para dentro para ver o que combina mais com quem você é. Isso o mantém conectado com a sua essência.

Quando ela precisar escolher a profissão, a carreira, o futuro, as amizades, os relacionamentos, ela já estará treinada. Já aprendeu a validar dentro dela o que ressoa corretamente para tomar boas decisões. Ela já aprendeu com as escolhas erradas a fazer escolhas certas.

Talvez ela tenha errado um dia na escolha da roupa e passou calor ou frio, mas ela foi se aprimorando e aprendeu a escolher cada vez melhor. Essa escolha errada permitiu escolhas certas lá na frente.

Aprender a escolher é uma arte. É olhar para si e identificar o que gosta, o que faz bem. Eu só faço isso quando me conheço. Essa prática precisa começar bem cedo.

Mas os jovens precisam escolher suas profissões tão cedo, sem ainda ter autoconhecimento suficiente, sem ter experimentado, sem ter aprendido a escolher.

Quando viajei para a Bolívia conheci um grupo de israelenses que estavam viajando pela América do Sul tirando seu ano sabático. Eles me contaram que, lá em Israel, todos os jovens servem ao país nas Forças Armadas por um ano, depois trabalham por mais um ano mais ou menos, juntam algum dinheiro e depois tiram um ano sabático para viajar pelo mundo e só quando retornam escolhem a faculdade/carreira que querem seguir.

Aqui no Brasil não aprendemos nada sobre nós mesmos, não aprendemos a fazer escolhas, somos pressionados a escolher uma profissão pelas oportunidades de emprego e não pelos nossos dons e talentos, definimos o nosso sucesso com os parâmetros que não são os nossos. Tudo isso culmina em escolhas erradas. Quando percebemos, estamos colocando nossa escada do sucesso na parede errada e arriscamos só descobrir isso depois de termos chegado lá no topo, quando observamos que não era bem isso que o sucesso significava para nós.

Por isso, é cada vez mais comum chegarmos numa posição que é sucesso aos olhos de muitas pessoas, mas nos sentirmos infelizes com nossas escolhas.

Tenho visto isso acontecer com muitas mulheres que cresceram ouvindo que deveriam priorizar suas carreiras em detrimento da maternidade, que o objetivo de suas vidas deve ser sua independência financeira, trabalhar fora etc. No entanto, quando elas chegam no ápice do sucesso "vendido" para elas, percebem que ele não trouxe a felicidade prometida.

Essa mulher vai perceber mais cedo ou mais tarde que quando ela atinge o sucesso nos termos dos outros ela é infeliz. Todo esse discurso sobre o papel da mulher propagado na cultura pós-moderna tem cobrado seu preço: frustração, infelicidade e vazio interior.

Lisa Belkin, em seu artigo "A revolução do abandono", citou e analisou diversos casos de mulheres que deixaram para trás suas expectativas carreiristas em busca de uma vida mais pacata e menos desafiadora:

"À medida que essas mulheres olham para o topo, estão cada vez mais decidindo que não querem fazer o que é preciso para chegar lá. As mulheres de hoje têm o mesmo direito de fazer a mesma barganha que os homens fizeram durante séculos – tirar um tempo de sua família em busca do sucesso. Em vez disso, as mulheres estão redefinindo o sucesso. E ao fazê-lo, elas estão redefinindo o trabalho. Não há nada de errado com dinheiro ou poder. Mas eles vêm com um preço alto. E ultimamente, quando as mulheres falam sobre o sucesso, usam palavras como satisfação, equilíbrio e sanidade."

O que vemos hoje é que muitas mulheres estão abandonando suas carreiras para voltar ao lar, pois percebem que a sua satisfação e o sentido de suas vidas nunca esteve na carreira, mas sim na sua família. Essas mulheres começam a ter uma percepção do que é prioridade em suas vidas e buscam viver de acordo com o que é mais importante para elas.

Isso é um exercício de autoconhecimento, daí a importância de sabermos fazer escolhas que são nossas e não dos outros. A escolha será nossa quando pararmos de escutar o que o mundo diz para ouvir o que Deus diz sobre nós e o que Ele colocou no nosso coração.

A palavra vocação vem de *vocare*, que significa chamar. É uma voz interior que chama e indica uma direção a ser seguida. A escola não nos ensina a ser nós mesmos, pelo contrário, a própria faculdade o coloca num padrão, porque quando você sai dela, você sai formado, ou seja, você foi colocado numa forma e ganhou uma forma.

E quando você ganha uma forma é difícil tentar ser alguém diferente disso. É preciso apertar o *reset*, reconectar-se com a sua essência e restaurar a configuração original, a que você foi criado para ser.

Ser piloto da própria vida é ser dono das suas Escolhas.

## PARTE III - TEORIA DE VOO

> *"Mas o que os sonhos sabem sobre limites?"*
> **Amelia Earhart**

É preciso ter coragem para transformar sonhos em realidade, para uma águia alçar voo ela precisa antes se lançar no precipício.

Você sempre pode escolher entre sonhar ou não. E essa escolha é a diferença entre voar e permanecer no solo.

Quando você escolhe não sonhar, você está escolhendo o solo, uma vida abaixo daquilo que você foi chamado para viver.

Mas quando você escolhe sonhar, você voa. Você realiza o seu potencial que é voar alto. No entanto, muitos de nós passamos por tantas situações que perdemos a capacidade de sonhar.

No fundo, você sabe que não pertence ao solo. Você sente um chamado para voar. Mas pode ser que, por não ter uma visão clara do seu sonho, você não tenha ânimo para sair em sua busca.

> *"Invejo as aves migrantes que, além de voar, sabem para onde vão."*
> **Gildes Bezerra**

Você já deixou um sonho de lado por preguiça só de pensar no trabalho que daria? Eu já. Eu pensava que correr atrás dos meus sonhos daria muito trabalho, gastaria muita energia e me dava preguiça só de pensar.

Tony Robbins diz que as pessoas não são preguiçosas. Elas apenas possuem objetivos que não as inspiram.

Não é preguiça o seu problema. É falta de clareza. É o medo de se frustrar, e, por isso, você escolheu o solo até hoje.

Enquanto escolher o solo, sua vida será essa monotonia sem graça e sem sentido.

No solo ou voando, a realidade é que o tempo vai passar da mesma forma. A diferença é que, no final, você terá conseguido o seu brevê ou não.

Quanto isso vale pra você?

Você precisa de visão. É crer para ver e não ver para crer. Você precisa ver o que não aconteceu para trazer à existência aquilo que não existe. Isso é ter fé. Tudo que existe é criado duas vezes. Primeiro na mente e depois na matéria.

Não basta achar que pode ser para ser, mas basta achar que não pode ser para não ser.

Fé é um treinamento para o seu cérebro parar de resistir à sua alma.

Mas depois que você fizer o voo mental, que é enxergar com os olhos da mente e do coração, não tem volta. Depois de ver o voo, não tem mais como ficar no chão. O voo mental irá o impulsionar como uma turbina e nada vai pará-lo.

Faça seu voo mental utilizando sua imaginação. Não use o passado, onde estão suas bagagens de erros e fracassos, nem o presente, onde está sua condição atual. Use a ilimitada capacidade de sua imaginação.

Uma impossibilidade é só uma possibilidade que você ainda não compreendeu.

## De ver não o que é, mas o que poderia ser

*"Acredita e nada no mundo vai te parar, acredita que acreditando pode voar, bate as asas e vai."*
**Projota**

Assistindo a um filme com a minha filha, uma cena me chamou a atenção. Era um garotinho que estava procurando a vila encantada, mas ele não conseguia achar. Até que uma garotinha diz pra ele: para ver uma coisa, é preciso acreditar. E foi então que ele conseguiu ver. Ele só viu a vila encantada depois que acreditou na existência dela. Você não vai ver o que não acredita. É por isso que a fé é o firme fundamento das coisas que se esperam, e a prova das coisas que se não veem (Hb 11:1).

Como sua mente é uma ótima cumpridora de tarefas, ela sempre vai trabalhar duro para confirmar tudo aquilo em que você acredita.

Nesse momento, não foque no "como" ainda, esse é um problema do seu cérebro e ele adora encontrar respostas.

Pense como Walt Disney, que disse: "Eu gosto do impossível, porque lá a concorrência é menor."

*"Não siga para onde o caminho te leva. Em vez disso, vá aonde não há caminhos e deixe uma trilha."*
**Ralph Waldo Emerson**

A brincadeira preferida do meu sobrinho comigo é a brincadeira dos cartões. Eu dei de presente para ele uma caixinha com 50 cartões, cada um com uma ideia de brincadeira "faz de conta" e ele simplesmente amou. Essa se tornou a nossa brincadeira, ele só quer brincar disso comigo. As preferidas dele são a competição do monstro mais assustador e o acampamento na floresta, que ele não cansa de pedir de novo. É incrível como ele entra na brincadeira e acredita que é de verdade. É tudo tão real para ele.

Ah se pudéssemos imaginar nosso futuro como uma criança que brinca de faz de conta. Infelizmente, essa é uma habilidade que vamos perdendo com o passar dos anos e logo quando mais precisamos dela, não sabemos como fazer.

Não precisamos ter os mesmos sonhos que tínhamos quando criança, mas devemos continuar sendo criativas como a criança para sonhar sonhos ainda maiores. Murilo Gun, especialista em criatividade, diz que o adulto criativo é a criança que sobreviveu. Não mate sua criança. Volte a imaginar.

**NÃO RASTEJE COM SEUS PROBLEMAS. VOE PELOS SEUS SONHOS.**

## PARTE III - TEORIA DE VOO

*"Agarre-se a seus sonhos, pois, se eles morrerem, a vida será como um pássaro de asa quebrada, incapaz de voar."*
**Langston Hughes**

Não ter um sonho o deixa sem energia, sem motivação para acordar no dia seguinte, sem um propósito. A nossa maior energia não vem do nosso corpo, nem da comida, nem do sono, a nossa maior energia vem de ter uma missão, de algo que atrai você em busca de algo maior.

Os sonhos são o verdadeiro combustível da vida, eles geram energia. E quanto maior o seu sonho melhor, porque um sonho grande deixa seus problemas pequenos, porque do ponto de vista de quem está voando, tudo que está embaixo fica muito pequeno.

Certamente, no início do seu projeto você vai trabalhar muito mais, porém não se sentirá cansado como antes. Porque a verdade é que não estamos cansados por estarmos fazendo coisas demais, e sim porque não fazemos aquilo que nos preenche.

Nós fomos educados pela mídia que sucesso é ter bens materiais, um carro novo, um relógio caro, uma bolsa de marca. A mídia faz a gente pensar que se tivermos essas coisas seremos felizes. Aí você trabalha duro para pagar por esses bens e depois descobrir que eles não o deixaram mais felizes. São prazeres de curto prazo que nos afastam da felicidade. As estratégias de marketing tentam mudar nossos objetivos o tempo inteiro para coisas materiais. Perceba isso e nunca mais tenha objetivos que foram implantados em você.

O sucesso não é ter um bom emprego para sustentar esses bens materiais que falaram para você que significava sucesso.

O sucesso é uma sensação onde o que importa é o que está dentro de você, o que é sucesso para você. Você só precisa ter clareza do que é esse sucesso para você.

E quando você entrar em ação para alcançar o seu sucesso, você vai perceber que o sucesso é esse movimento.

É um sentimento que ocorre quando você está em progresso, em ação constante! Jober Chaves diz que a mágica do sonho é que você começa a ser feliz agora. Felicidade é plantar, sucesso é colher.

A felicidade acontece no caminho, é no plantio. É durante o voo, não no destino. É o progresso que nos faz sentir que estamos voando e quando você se vê progredindo em alguma área, isso gera energia, gera o embalo para continuar agindo.

O sucesso é isso, é você ver o seu progresso. E você só verá o progresso quando for o piloto da sua própria vida.

O problema é que queremos colher, mas não queremos plantar. Queremos voar, mas não queremos sair da inércia para ganhar velocidade. Desejamos o voo, mas agimos pouco. Torcemos para colher mais no futuro, mas semeamos cada vez menos no presente.

Reclamamos da falta de tempo, mas não saímos das telas. Dizemos que a vida é corrida, mas não fazemos nada para desacelerar.

Nós nos tornamos telespectadores daqueles que estão voando, agindo, criando, construindo, vivendo e deixando um legado por onde passam: os que estão pilotando a própria vida. São exatamente os que fazem mais que possuem mais energia para fazer ainda mais.

A sua falta de energia não é por estar trabalhando demais, e sim por não estar fazendo o que alimenta a sua alma. Os nossos sonhos são alimento para a alma. O que mata sua energia é não sonhar.

Ser piloto da própria vida é voltar a sonhar e redirecionar sua vida para onde quiser.

> *"Apenas aqueles que arriscam ir longe descobrem o quão longe é possível ir."*
> **T.S Eliot**

Mas a maioria perdeu a capacidade de sonhar. Tornou-se escrava do que acredita que a vida seja.

A escravidão moderna é deixar de voar seu voo para trabalhar pelo voo dos outros. É deixar de sonhar seu sonho, para trabalhar pelo sonho dos outros.

Se você tem um sonho, morra correndo atrás dele, mas se você não tem, seja mal pago para realizar o sonho de outras pessoas.

O problema é que o voo dos outros não lhe traz realização porque você não faz o trabalho com corpo, mente e alma. E isso causa em você um sofrimento.

Na esperança de compensar esse sofrimento, você busca alegrias sem sentido, que só servem para tapar o buraco, mas não curam a ferida. É a torcida para o expediente acabar, para a sexta-feira chegar, para as próximas férias, para a próxima viagem. É a distração constante para olhar a vida dos outros, é o excesso de compras, é o excesso de comida e bebida, é a maratona de séries que não tem fim, porque como a sua vida não tem tempero, é melhor viver na fantasia da televisão. É a fuga de todas as formas.

As pessoas estão procurando inutilmente algo para satisfazer uma fome que é espiritual.

A alegria é um fruto do espírito, então quanto mais você alimentar seu espírito, mais formas de alegria experimentará. Não adianta buscar alegria em coisas passageiras. A alegria reside no espírito.

## PARTE III - TEORIA DE VOO

Você se tornou escravo do próprio sofrimento, que cobra um preço cada vez mais alto para disfarçar sua dor.

E tudo isso porque, na verdade, não há vida na sua vida.

A maior tragédia na vida não é a morte, mas a vida sem um propósito.

Pessoas são conduzidas de um dia para o outro sem propósito, com o potencial mal aproveitado e os sonhos não realizados.

Todas essas alegrias momentâneas vêm e vão. E você passa seus dias se sentindo esgotado fisicamente, emocionalmente e espiritualmente por não estar vivendo.

Você está pagando com a vida, afinal, nossa moeda é o nosso tempo.

O autor Jober Chaves diz que as empresas pagam salários inteiros, mas contratam seres humanos pela metade. Contratam a mão de obra, mas não os dons e talentos. Podem contratar o corpo e a mente, mas nunca a alma, porque a alma não habita na escravidão.

> *"Longe é um lugar que existe só
> para quem tem medo de voar."*
> **Rita Padoin**

A verdadeira escravidão é não enxergar que existe uma escolha. Perceber que você tem uma escolha é o princípio da liberdade.

Quem está preso ao solo é vítima do medo. Porque tem medo de assumir o lugar de piloto da própria vida, medo de ser responsabilizado por suas escolhas, medo do futuro, medo do fracasso, medo de perder os bens, medo de ser mandado embora.

Quem está no solo está sempre colocando a culpa no "se", se eu tivesse dinheiro, se eu fosse mais jovem, se eu tivesse tido oportunidade...

Entenda que onde você está hoje não define quem você é. Sua profissão não define quem você é. Esses são estados que deveriam ser passageiros até quando você ainda estiver aprendendo, enquanto você estiver crescendo. Parou de aprender, é hora de levantar voo.

Não aceite ficar estacionado. Avião foi feito para voar.

Você quer voar pra onde?

Quanto mais longe seu sonho está, mais longe ele o faz chegar.

PARA VOAR ACIMA DAS NUVENS É PRECISO NÃO TEMER A ALTITUDE.

## Sua atitude determina sua altitude

Atitude em aviação é o ângulo formado entre a linha longitudinal da aeronave com o horizonte. Para mudar a atitude do avião, o piloto utiliza os comandos de arfagem (em torno do seu eixo transversal), que para cima é chamado de cabrar e, para baixo, de picar.

Em geral, quando o nariz do avião está acima do horizonte, ele está numa atitude cabrada e quando ele está com o nariz abaixo do horizonte, ele está com uma atitude picada.

Dependendo de cada fase do voo, o piloto precisa mudar a atitude do avião. A atitude de um voo reto e nivelado será diferente da atitude de subida. A atitude do pouso será diferente da atitude de decolagem. Para subir, o avião precisa estar numa atitude cabrada (nariz para cima) e para descer ele precisa estar numa atitude picada (nariz para baixo).

O que a atitude do avião nos ensina?

Nariz para cima representa a postura de quem é vencedor. De quem entra em movimento e mantém a cabeça erguida.

E, de fato, ele precisa da força gerada pelo movimento, que é a tração, lembra? Porque, num voo ascendente, a sustentação é menor que o peso e o que impulsiona o avião para cima é a tração do motor. Nesse caso, a tração suporta o peso do avião e alivia a carga sobre a asa.

Isso significa que, para subir, o que você mais precisa é de atitude. É a atitude que vai sustentar sua subida, quando suas asas estiverem sobrecarregadas. Ter atitude é o que vai fazer você alcançar o nível de voo desejado.

Tem uma frase conhecida na aviação que diz: "Velocidade é vida e altitude é segurança de vida. Até hoje ninguém colidiu com o céu."

Ou seja, quanto mais altitude melhor.

No final das contas, a sua atitude determina sua altitude.

Não adianta só ter sustentação, porque não é ela que lhe dá razão de subida. É a atitude.

Logo após a decolagem, o avião deve subir com o máximo ângulo de subida, a fim de afastar-se com segurança dos obstáculos.

No início da sua decolagem, você vai precisar de atitude máxima. Você vai precisar do seu maior ângulo de subida para livrar os obstáculos à frente.

Ter Atitude é saber se portar diante das adversidades. É saber que, logo após a decolagem, existem obstáculos perigosos, situações de risco que exigem sua atitude máxima.

Mantenha seu avião cabrado. Não diminua o ângulo de subida. Continue firme em sua atitude e você não terá limite de altitude.

## Entre o sonho e a realização existe o PREPARO

*"Primeiro o homem constrói o sonho,
depois o sonho constrói o homem."*

Não adianta você querer voar sem preparo. O voo exige preparo. Muito preparo. Horas e mais horas de estudo, manuais técnicos, mecânica de aeronaves, teoria de voo, aerodinâmica, procedimentos normais e de emergência, fraseologia, regras de tráfego aéreo, navegação. Sem contar as "horas de nacele" e voo mental.

Para iniciar a instrução aérea na Academia, o cadete primeiro precisava memorizar bem os procedimentos normais contidos no *checklist* (ex.: partida do motor, inspeção interna, subida etc.), simulando sua execução dentro do avião. Simular repetidas vezes a sequência de passos dos procedimentos previstos para o voo dentro da aeronave, com a bateria desconectada, é o que se chama de "fazer horas de nacele". Com a realização da nacele, a fixação da informação é melhorada e o aprendizado é mais eficaz.

Uma das avaliações mais temidas era o Cheque de Olhos Vendados (CHOVE), em que o cadete, de olhos vendados dentro do avião, precisava indicar para um instrutor de voo a posição correspondente dos itens que ele perguntava. Era uma forma de avaliar a familiarização do cadete com a nacele.

Outra etapa essencial para o voo era decorar os procedimentos de emergência, que são a sequência de medidas a serem tomadas no caso de alguma situação de emergência em voo ou pane, por exemplo: falha do motor em voo, fogo na asa, fogo no motor na partida, etc.

Tanto os procedimentos normais quanto os de emergência precisavam estar muito bem decorados, pois não era permitido consultar a *checklist* durante o voo, como na aviação civil.

Era muito comum, nos dias de voo, o instrutor escolher algum aluno na sala e fazer uma pergunta na frente de todo mundo.

Na época, eu não gostava da sensação de estresse que a possibilidade de um instrutor perguntar algo que eu não soubesse responder causava. Porém, eu estudei tanto que fui ganhando confiança e passei a não me preocupar, pois eu saberia responder qualquer pergunta.

E, principalmente, no caso das panes eu entendi o quanto era importante e necessário e até mesmo aquela tensão da pergunta surpresa estava me preparando para as situações de emergência.

Sabe por que esse preparo é importante? Porque você precisa se tornar um piloto para poder voar. Você não pega um avião do nada e sai voando por aí.

Da mesma forma, você precisa se transformar na pessoa que você precisa ser para alcançar o resultado que você deseja.

As pessoas querem tudo de imediato. Algumas bandas hoje em dia tocam apenas o refrão das músicas, porque as pessoas não têm paciência para ouvir as músicas inteiras. Elas não querem o processo. Sonham em ganhar na loteria, mas mal sabem que 90% dos ganhadores de loteria perdem tudo o que ganharam simplesmente porque não estavam preparados para esse estilo de vida. Elas não se tornaram a pessoa que teria feito aquela quantia, então inconscientemente se boicotam e voltam a ter o que correspondia a quem elas realmente são.

Para viver o propósito é necessário suportar o processo.

**Os sonhos são a forma como Deus se comunica conosco.**

## PARTE III - TEORIA DE VOO

Você conhece a história de José do Egito? José foi vendido por seus irmãos para ser escravo no Egito. Tudo porque um dia ele sonhou um sonho muito louco. Sonhou que seria um líder entre seus irmãos.

José sonhou que seria líder, porque ele ainda não era um líder. Ele precisava de preparo para se transformar na pessoa que precisava ser. Seu tempo de preparo foi sendo escravo no Egito, depois preso na cadeia. Porém esse tempo estava forjando o caráter de José e fazendo com que ganhasse competência para assumir seu posto de governador do Egito. Seu sonho o levou para o palácio, mas primeiro ele precisou passar pelo fundo do poço.

Não pense que vai ser fácil. O preparo é difícil, mas ele está forjando o seu ser, o preparando para o voo. É difícil dar duro e lutar pelo seu sonho, mas também é difícil não os realizar. Você precisa escolher o seu difícil.

Espere e confie. Tudo vai valer a pena. Melhor é o fim das coisas do que o início delas.

# IV
# NINHO DAS ÁGUIAS

## Tire a lente da ingratidão

> *"A arma mais poderosa do mundo é a alma humana entusiasmada."*
> **Marechal Ferdinand Foch**

A corneta toca a alvorada marcando o início de mais um dia na Academia da Força Aérea. Eu levanto, arrumo minha cama, coloco meu uniforme. Caminho para o rancho, tomo meu café da manhã. Vou para a sala de aula. Escrevo a frase do dia no quadro-negro. Esse era o retrato de uma manhã típica de aula na Academia.

Eu era uma pessoa que gostava de estar ali. Eu era motivada, alegre e feliz, enquanto algumas pessoas sempre reclamavam.

A minha postura me fez ter quatro bons anos lá dentro. Uma postura positiva, otimista, de gratidão. Nessa época, eu já gostava de ler livros inspiradores e colecionava frases motivacionais, e todos os dias eu escrevia uma diferente no quadro para me motivar e motivar a minha turma.

Eu me dedicava ao que eu fazia, estudava com afinco, prestava atenção às aulas, tentava fazer as coisas certas. Não que eu tenha sido perfeita, já tomei minhas punições também, mas, no geral, eu gostava de dar o meu melhor e aprendi a ser assim desde criança.

Cada pessoa escolhe a postura que terá diante da vida e eu acredito que de todas as escolhas que fazemos, poucas nos afetam tão poderosamente quanto nossa escolha entre a gratidão e a reclamação.

Uma vez assisti a um documentário sobre pessoas que sofreram acidentes e ficaram com sequelas graves, como, por exemplo, não conseguirem mais andar.

Naquele momento, eu senti uma forte gratidão pelas coisas mais básicas como: andar, enxergar, ouvir, falar. Às vezes, esquecemos de agradecer coisas básicas porque as temos sempre conosco, mas, se um dia as perdêssemos, talvez daríamos mais valor.

Não precisamos perder para aprender a valorizar. Tudo é questão de enxergar as bênçãos que já temos. Perceber a grandiosidade que é poder fazer o básico, que nem é tão básico assim, mas extraordinário. Porque a gratidão torna tudo o que temos suficiente. Eu aprendi que existe beleza no cotidiano, no trivial, no básico.

Hoje, eu sempre lembro de expressar gratidão pelas funções mais básicas do meu corpo, por acordar, por respirar, por ter comida na mesa, por ter uma cama para dormir.

Nas viagens da minha mãe, eu vejo algumas senhoras bem idosas, algumas com dificuldade de locomoção e, mesmo assim, estão viajando, curtindo, vivendo. Durante a viagem, elas até esquecem as dores que sentem, pois tiram o foco da reclamação e passam a apreciar o momento que estão vivendo.

Um ótimo exercício para exercer a gratidão é perceber que você já é rico e nem sabe. Responda às seguintes perguntas:

*O que é mais importante na sua vida?*

*Quanto custaria cada uma dessas coisas?*

*Quem no mundo teria dinheiro para comprar o que você já tem?*

Aposto que ninguém no mundo teria. Perceba então que, se você possui algo que não venderia por dinheiro nenhum, você já é verdadeiramente rico.

Você já possui a maior riqueza da sua vida, você já é próspero. Isso já é motivo suficiente para você ser feliz. Seja grato. A riqueza não está no que se tem, está no que se sente.

A Bíblia nos manda trazer à memória aquilo que nos dá esperança (Lm 3:21). Faça isso, traga à memória coisas boas. As pessoas estão infelizes porque focam no que elas não têm, mas quando você foca naquilo que você já tem e se sente grato por isso, você é feliz.

## Seja fator de soma

> *"Ganhamos a vida pelo que conquistamos, mas vivemos pelo que doamos."*
> **Winston Churchill**

No primeiro ano da AFA, eu ajudei um amigo de Moçambique, o Timane, a estudar cálculo. Percebi que ele estava com dificuldades nessa matéria e precisa melhorar sua nota, por isso me prontifiquei em estudar com ele nas horas vagas.

Eu estava empenhada em fazer ele aprender o máximo que conseguisse no pouco tempo que tínhamos até a prova, por isso todas as noites estudávamos juntos após o pernoite.

No segundo ano, chegaram alguns cadetes equatorianos para a instrução aérea e eu também fui ajudá-los a estudar para as provas e para o voo.

Essa vontade de ajudar o outro sempre esteve enraizada em mim. Faço com prazer e faço de coração.

O mais curioso é que sou eu quem mais ganha com essa atitude, pois nisso reside a verdadeira felicidade.

> *"A verdadeira felicidade é um verbo. É o desempenho contínuo, dinâmico e permanente de atos de valor. A vida em*

> *expansão, cuja base é a intenção de buscar a virtude, é algo que improvisamos continuamente, que construímos a cada momento. Ao fazê-lo, nossa alma amadurece. Nossa vida tem utilidade para nós mesmos e para as pessoas que tocamos."*
> **Epiteto**

Enquanto eu pensar que a felicidade é substantivo eu penso que ela é algo que alguém vai me dar, ou que eu vou encontrar em algum lugar. É por isso que ela é um verbo, uma ação contínua que nós vamos conquistando no caminho à medida que nos doamos.

A felicidade é conquistada não quando a buscamos como finalidade, mas ela surge como bônus de estarmos vivendo o que fomos chamados para ser.

O filósofo romano Cícero diz: "Certifica-te de que és um fator de soma na vida das pessoas de quem participa".

É nisso que eu acredito, que precisamos fazer a diferença na vida das pessoas que cruzam nosso caminho. A minha vida se justifica quando eu somo na vida de outro alguém e essa pessoa se torna um pouco melhor.

Estamos aqui para servir, para amar, para somar. Se a minha vida não serve a ninguém, ela não serve para nada.

É como um verso do poeta Allan Dias Castro que diz: "para quem não faz diferença ser alguém na vida, mas fazer diferença na vida de alguém".

Exercício: seja um fator de soma para uma pessoa hoje.

## Código de honra

> *"Chamamos de ética o conjunto de coisas que as pessoas fazem quando todos estão olhando. O conjunto de coisas que as pessoas fazem quando ninguém está olhando chamamos de caráter."*
> **Oscar Wilde**

## PARTE IV - NINHO DAS ÁGUIAS

Em posição de destaque no pátio da Academia da Força Aérea está o Código de Honra do cadete da Aeronáutica. Nele estão escritas cinco palavras basilares da nossa formação: CORAGEM, LEALDADE, HONRA, DEVER E PÁTRIA.

Essas palavras representavam os nossos valores inegociáveis e todos os dias éramos lembrados da importância de segui-los em tudo o que fizéssemos.

Além do Código de Honra, existiam outras regras pertinentes à nossa rotina diária. Quando alguém descumpria alguma regra, chamávamos de "dar o golpe" e o cadete ficava conhecido como golpista. Dar um golpe era fazer algo errado, fora do previsto, como, por exemplo, faltar uma atividade.

Um dos principais problemas do golpe residia na possibilidade do praticante ser pego, porque, certamente, resultaria em punição. Esse risco de ser pego gerava uma certa tensão em quem estava praticando o golpe, e a questão que surgia era: vale a pena?

Vale a pena dar o golpe e ficar preocupado se vai ser pego ou não?

Por outro lado, quando se faz aquilo que é certo, o resultado é paz.

Contudo, nós aprendemos algo que vai além dessa questão, cujo alicerce está apenas em se fazer o certo porque é o certo a se fazer. Isso é ter disciplina consciente. Mesmo que ninguém estivesse olhando, mesmo que não houvesse a menor chance de alguém pegar o golpe, você não faria porque você não pode enganar a si mesmo.

Alguns erros não permitiam segunda chance. Eram os erros de desvio de caráter, considerados inadmissíveis. Se o comando pegasse algum erro relacionado à falta de honestidade, mentira ou enganação, por exemplo, era desligamento na certa.

O respeito aos valores morais e éticos guia toda a formação dos oficiais da Aeronáutica, mas infelizmente não é isso que temos visto na formação dos jovens de hoje. Ser educado com base em princípios e valores corretos é algo raro hoje em dia. Mesmo com mais de 86% da população sendo cristã, portanto, baseada nos princípios e valores cristãos, atualmente vemos o completo oposto: ausência da moral e relativismo. A Pátria Educadora tem prestado um verdadeiro desserviço à educação, subvertendo princípios e invertendo valores que sempre nortearam nossas vidas. Em nossa cultura, observamos uma completa degradação daquilo que é bom, belo e verdadeiro. O resultado é uma sociedade cada vez mais doente que faz o que é errado achando que é certo.

Ainda assim, como disse G. K. Chesterton: o certo é certo, mesmo que ninguém o faça. O errado é errado, mesmo que todos se enganem sobre ele.

Por isso, não se deixe corromper pelos valores da cultura pós-moderna. Crie o seu código de honra, assim você terá um norte para o guiar e sempre que algo desrespeitá-lo você saberá o que fazer.

Qual é o seu código de honra? Quais são os seus valores inegociáveis?

Escreva o seu próprio código de honra e deixe-o num local visível para que você nunca se esqueça do compromisso que fez com você mesmo.

Com o tempo, esses valores estarão tão intrínsecos às suas atitudes, comportamentos e ações que já não será mais possível separar isso de quem você é.

Quando vivemos alinhados com nossos valores encontramos realização em nossa vida, ao contrário, abrir mão de nossos valores, violando nosso código de honra, terá suas consequências, pois não nos trará a realização completa que buscamos.

**Exercício:** anote pelo menos 5 valores inegociáveis no seu Código de Honra.

## A hora de ouro

Acordar cedo pode ser uma tortura para muita gente, mas tudo depende de como você utiliza essa primeira hora do seu dia. Na aviação, o período da manhã bem cedinho é considerado a melhor hora para voar, por isso os pilotos já têm o costume de levantar-se antes do sol.

Na AFA a alvorada tocava às 6 da manhã, mas nos dias de voo (que no segundo e quarto ano acontecem dia sim, dia não) eu acordava bem mais cedo que isso, às 03:30 h. Em compensação, para descansar horas suficientes eu dormia bem cedo, por volta das 20 h. Acordar cedo fazia parte da minha rotina até mesmo aos finais de semana e quando os primeiros raios de sol apontavam no horizonte eu já estava decolando para o primeiro voo do dia no Clube de Voo a Vela.

No Esquadrão de voo, ser escalada no primeiro horário era como tirar a sorte grande porque não tinha vento para atrapalhar, o ar da manhã parecia mais propício para o voo e o nascer do sol deixava ainda mais mágico o espetáculo de voar. Obviamente nem sempre eu me dava conta de toda essa beleza enquanto estava preocupada se ia passar no voo ou não, mas eu tentava.

Além do que, eu sempre me senti mais bem-disposta pela manhã, depois de uma noite bem-dormida, sentia que minha mente estava mais fresca e tranquila.

O melhor era que depois de voar vinha aquela sensação de dever cumprido e ainda não eram nem 8h da manhã e eu teria o restante do dia para fazer outras coisas sem aquela tensão pré-voo.

Para mim, a pior coisa era ser escalada para voar no último horário. Eu passava o dia tensa e preocupada e meu dia não rendia.

Mesmo depois de não ter a obrigação de acordar cedo, passei a acordar por vontade própria. Gosto da sensação de quietude que as primeiras horas do dia proporcionam. Sem barulho, sem distrações, com as pessoas ainda dormindo.

Amo ver o nascer do sol, volta e meia saio para surfar bem cedo para assistir a esse espetáculo dentro do mar. É algo que me energiza demais.

Eu valorizo muito a primeira hora do meu dia. É um tempo que separo para mim, para me abastecer de tudo que me faz bem. Faço o meu devocional, leio a Bíblia, preparo um suco verde, escrevo nos meus cadernos.

Há anos não começo meu dia pelo celular, como costumava fazer quando acordava no modo automático.

Hoje eu escolho como começar meu dia: me conectando na fonte de vida, que é Deus e alimentando meu corpo, mente e espírito.

Eu acredito que a forma como começamos o nosso dia afeta o restante dele.

Se você começa seu dia se conectando com notícias ruins, WhatsApp, trabalho, pendências, seu dia vai atropelá-lo como um trator.

Experimente fazer diferente e começar o dia pelo mais importante.

Se você costuma dizer que não tem tempo para fazer algo que gostaria muito, acorde mais cedo e assuma o compromisso de fazer essa atividade na primeira hora. Logo isso se tornará um hábito e você sentirá os benefícios do amanhecer.

## Descanse

Fadiga é a causa de muitos acidentes aéreos. Se o piloto não tiver as horas de descanso necessárias para a jornada, a fadiga pode levá-lo a falta de senso crítico e a falta de julgamento correto.

Inclusive, a fadiga foi um dos fatores contribuintes de um trágico acidente que chocou o país com um helicóptero que levava uma noiva para o seu casamento e que, infelizmente, caiu a 5 km do local da cerimônia.

A investigação do acidente constatou muitos erros de julgamento nos momentos antes do acidente.

Investigando as 24 horas antes do acidente, descobriram que o piloto tinha sido acionado na noite anterior e feito dois voos na madrugada, além de mais dois voos, um pela manhã e outro à tarde. Claramente, o piloto não descansou a quantidade de horas suficientes. O cansaço fez com que ele tomasse algumas decisões equivocadas, como, por exemplo, entrar em nuvens, sendo que nem a aeronave nem o piloto estavam homologados para voo por instrumentos, então ele jamais poderia ter entrado em nuvens.

Para voar sob as regras de voo visual naquele local, o piloto precisava ter no mínimo 3.000 metros de visibilidade e permanecer afastado de nuvens ou formação meteorológica 1.500 metros horizontalmente e 500 pés verticalmente, além de manter 50% de referência visual com o solo ou água.

Ao entrar inadvertidamente nas nuvens, o piloto veio a perder o contato visual com o solo e perdeu o controle em voo.

A perda do controle em voo acontece quando o piloto perde a referência e não tem a noção de como está a aeronave. Os comandos tornam-se amplos e bruscos e a aeronave fica totalmente descontrolada. Durante a investigação verificou-se que o piloto inclinava a aeronave muitos graus tanto para a direita quanto para a esquerda e isso é uma demonstração de fadiga, pois ele não estava mantendo os parâmetros normais de um voo reto e nivelado.

Como um acidente nunca é um fato isolado, certamente existiram outros fatores que contribuíram para o acidente, porém ficou claro que a fadiga interferiu demais no julgamento do piloto durante o voo.

A sua fadiga também pode estar interferindo no seu bom julgamento e tomadas de decisões diárias.

Quantos pais não perdem a paciência com seus filhos após um dia cansativo? Quantos tomam decisões erradas nos momentos de estresse?

Proteja seu descanso. Durma a quantidade de horas necessárias para o seu corpo recarregar as baterias.

Não precisa dormir demais, porque se você dormir além do necessário, seu corpo começa a gastar energia enquanto está ali deitado. É por isso que se você passar o dia dormindo vai se sentir cansado.

É preciso dormir a quantidade de horas suficiente para você. Para algumas pessoas são 8 horas, para outras 7, 6, 5. Estude seu corpo e descubra quantas horas você precisa para ter um sono reparador.

Descubra o que está roubando suas horas de sono. Talvez você esteja passando muito tempo no celular vendo a vida dos outros ou na frente da TV, maratonando filmes e séries que não estão acrescentando nada na sua vida.

Invista numa rotina noturna, durma cedo, leia um livro antes de dormir, estipule um horário para sair das telas à noite. Não deixe que a fadiga ocasione um acidente em sua vida.

## PARTE IV - NINHO DAS ÁGUIAS

## A tripulação

*"Se eu me perder tudo bem, porque a pergunta não é pra onde, é com quem."*
**Reverb**

Depois de formada eu fui designada para a aviação de helicóptero e lá eu entendi o que era fazer parte de uma tripulação. No voo de helicóptero, a tripulação era composta normalmente por 4 militares: o primeiro piloto, o segundo piloto, o mecânico de voo e o observador, cada um com sua função específica e igualmente importante.

Minha primeira missão real foi uma viagem para o Campo de Provas Brigadeiro Velloso (CPBV), na Serra do Cachimbo, um local bem isolado no Sul do Pará. A região possui o tamanho do estado de Sergipe, com mais de 22 milhões de hectares, sendo a maior Organização Militar do Brasil.

Nosso objetivo era realizar uma missão patrimonial, visando a preservação da área e a proteção de invasões e ilícitos ambientais, como exploração ilegal de minérios e extração criminosa de madeiras nobres.

Sobrevoar a Serra do Cachimbo e ver de perto toda a exuberância da nossa selva, seus belos rios e cachoeiras foi incrível. A quantidade de nascentes e rios é tão grande que ela é conhecida como caixa d'água, por ser um grande reservatório de água do país.

A emoção de participar de uma missão real é enorme, mas não é nada fácil. Muito planejamento, coordenação, tensão e panes fizeram parte dessa viagem. Foram 21 dias cumprindo a missão longe de casa, mas o apoio mútuo e o espírito de equipe da tripulação me fizeram sentir parte de uma família.

E é exatamente isso que é a sua tripulação: a sua família. O voo não é somente seu, mas de toda a tripulação que embarca com você. A sua tripulação é a sua família, por isso, não esqueça de que o que eles mais desejam não é chegar lá, mas sim viajar nesse voo com você.

Cuide da sua tripulação, passe tempo junto, converse, ria, brinque. O seu tempo é o serviço de bordo mais rico que você pode oferecer nesse voo.

Não espere chegar ao destino para dedicar tempo às pessoas que você mais ama. O tempo de voo passa tão rápido. Logo, seus filhos também voarão os próprios voos.

Portanto, inclua sua família nos seus projetos. A família é um presente de Deus e ela deve ser a sua maior prioridade. Coloque o valor onde o valor está: na sua família. Eles são o que você tem de mais precioso e são aqueles que embarcam com você seja onde você for.

## Quem voa na sua ala?

*"Se não vai me ajudar a voar então não segure minhas asas."*
**O menino e o pôr do sol**

Uma das fases mais desafiadoras da instrução aérea é a fase de formatura, em que os pilotos voam na ala em formações de dois e quatro aviões.

Nessa fase, o avião do aluno voa bem próximo do avião do líder, sendo necessário acompanhar cada movimento dele atentamente. É um voo que exige muita atenção e acuidade dos pilotos, com comandos mínimos e muito suaves, pois o menor erro pode gerar uma colisão em voo.

O voo solo de formatura é uma fase muito esperada

## PARTE IV - NINHO DAS ÁGUIAS

pelo piloto, no entanto, o instrutor precisa confiar muito no aluno para liberá-lo solo, já que é o próprio instrutor que o liberou que irá voar ao seu lado, portanto é a sua vida que está em jogo.

Durante o *briefing* de um voo de formatura, o instrutor abriu a carteira, olhou bem sério para mim e mostrou uma foto de seus filhos, para que eu percebesse o que estava em jogo naquele voo. Eu entendi o recado e voei com a maior atenção que jamais tinha voado antes.

Nesse dia, eu entendi a seriedade de se confiar em quem voa na sua ala. Não é qualquer pessoa que pode voar ao seu lado, somente aquelas em quem você pode confiar.

Uma das formas de dizer que alguém é um amigo verdadeiro era: "fulano é meu ala".

Quem são as pessoas que estão na sua ala?

Elas estão na mesma sintonia que você ou estão puxando seu voo pra baixo?

Afaste-se daqueles que não merecem a confiança de um ala.

*Não ande sozinho*
*A esquadrilha é um punhado de amigos,*
*A vibrar, a vibrar de emoção*
*Não tememos da luta os perigos*
*Nem dos céus a infinita amplidão*
*Sobre mares, planícies, sobre montes*
*Viveremos por sempre a voar*
*Bandeirantes de novos horizontes*
*Para a bandeira da Pátria elevar*
*Bandeirantes de novos horizontes*
*Para a suprema conquista do ar*
*Nós somos da Força Aérea Brasileira*
*Nosso emblema é a águia altaneira*

*Que há de ser grande, forte e varonil!*
*Lutaremos, morreremos*
*Pela bandeira do Brasil.*
### Canção Bandeirantes do Ar

Não só as pessoas que voam na sua ala são importantes, mas também o ambiente em que você está inserido, o grupo ao qual você pertence.

Na Academia, o grupo formado pelos cadetes é chamado de corpo de cadetes e desde o primeiro dia que pisamos lá nós aprendemos a ter "espírito de corpo" que é ter o sentimento e atitudes de unidade, companheirismo, camaradagem.

O espírito de corpo é um dos valores mais importantes entre os cadetes da AFA e surge espontaneamente pelos desafios e dificuldades que passamos juntos.

A Academia da Força Aérea é também chamada de Ninho das Águias e logo na entrada de sua sede, em Pirassununga, avista-se uma escultura de uma águia bem grande.

É ali que as águias vivem, unidas num mesmo propósito. No grito de guerra da minha turma era enfatizada a palavra união. Nós passamos por tantas dificuldades juntos, mas sempre um estava fortalecendo o outro e dali surgiram amizades para a vida inteira.

Se você quer crescer na vida, se você quer voar, precisa andar com águias. Águias andam com águias. Você precisa escolher bem suas companhias.

Não ande sozinho. Isso é a pior coisa que você pode fazer.

Qual o tipo de pessoa que você gostaria que voasse na sua ala?

Onde você pode encontrá-las?

## Combustível é vida

Quando o piloto Miguel Quiroga que levava a delegação da Chapecoense decidiu levar combustível para 4:30 h sendo que o voo durava 4:15 h, ele contrariava todos os manuais de regulamentos aeronáuticos que preveem a necessidade de o avião ter autonomia para voar até o destino + alternativa + 45 minutos de voo. Por conta desse cálculo de combustível o avião não conseguir chegar ao destino e 71 pessoas pagaram com a vida.

Combustível na aviação é o que define seu tempo de voo e seu aeroporto de destino.

O combustível é tempo de vida. O que você alimenta seu corpo determina seu tempo de voo. Dependendo da qualidade do seu combustível você vai ter mais ou menos tempo de voo.

Se a aviação utiliza um combustível especial, de altíssima qualidade, como a gasolina de aviação, por exemplo, como você quer voar com esse combustível pobre em nutrientes que você consome todos os dias?

Combustível é a sua energia, não adianta reclamar que não tem energia se você não abastece seu avião com combustível de qualidade.

A qualidade da sua vida é igual à qualidade da sua energia.

Qual o tipo de combustível que você tem abastecido seu corpo?

Para voar, você precisa estar fisicamente na sua melhor condição e isso está ligado a como cuida da sua saúde e como se alimenta.

Experimente mudar o tipo de combustível que você consome e ganhe mais tempo de vida.

**Exercício:** exclua, pelo menos, um alimento ruim de sua alimentação.

## O voo solo

Ser aceito é mais confortável do que aceitar a si mesmo.

O dia mais marcante na vida de um piloto, sem dúvidas, é o dia do seu primeiro voo solo. O meu primeiro voo solo foi no planador Blanik 8074, quando eu levantei a plaquinha de 1º Voo Solo e decolei sozinha pela primeira vez.

Foi um momento único de pura liberdade, paz e realização. Era a materialização do sonho e a prova de que todo o sacrifício valeu a pena.

Voar é ver com seus próprios olhos que nada mais pode parar você. Imagino a surpresa que foi quando meus neurônios começaram a ver que eu estava voando sozinha pela primeira vez. Até pouco tempo atrás, eles nem sabiam que isso era possível, agora eu tinha decolado e pousado sozinha.

Fazer o que o seu cérebro achava que era impossível abre uma aerovia neural nova no seu cérebro. E, a partir daí, você começa a criar um novo espaço aéreo de possibilidades para você.

O voo solo é um grande marco, porém é igualmente desafiador.

Quando você começar a sonhar, vai descobrir que está num voo solo.

Esse voo solo representa o fato de que muitas vezes você será incompreendido. Sua família pode não aceitar, seus amigos podem não entender. Você escolheu voar, enquanto eles ainda estão no chão.

Você vai precisar de coragem para o voo solo e saber apreciar a própria companhia.

Voar solo não é sinônimo de solidão, porque solidão é estar desacompanhado de si mesmo, é quando eu estou sozinho sem a minha presença.

Voo solo é solitude, eu estou sozinho, mas estou comigo mesmo me fazendo companhia. No voo solo, você se conecta com sua essência. Você gera clareza, você tem mais foco.

Conhecer a si mesmo é a única forma de quebrar a solidão. Platão já aconselhava: marque um encontro com a sua alma.

Você pode exercitar o autoconhecimento passando um tempo com você, saindo sozinho, escrevendo um diário. Não é para se isolar do mundo, mas separar um tempo para aprender sobre si mesmo. Fazer isso vai prepará-lo para o voo solo.

## Non multa sed multum

A Escola Preparatória de Cadetes do Ar, EPCAR, é uma escola localizada em Barbacena - MG que prepara os futuros cadetes da AFA. Após os 3 anos de estudo, que corresponde ao ensino médio, os alunos são transferidos para a Academia, em Pirassununga e tornam-se cadetes.

Eu não passei pela EPCAR, fiz prova direto para a AFA, até porque na época nem permitiam mulheres (hoje já permitem), mas tive muitos amigos que vieram da EPCAR.

Com eles, aprendi uma frase, em latim, lema da Escola Preparatória que diz: "Non multa, sed multum", que significa: não muitos, mas muito; não quantidade, mas sim qualidade; não muitas coisas, mas algo de importante.

Enquanto 'Muitos' promove grande quantidade, 'Muito' ressalta o valor. Devemos preferir em vez de muitas coisas, coisas importantes.

Esse é um princípio para quem quer ser o piloto da própria vida, fazer escolhas alinhadas ao que mais importa para você.

Escolher envolve ponderar o que é prioridade para nós, mas a maioria não se conhece o suficiente para saber quais são suas prioridades.

É trilhar o caminho da busca disciplinada do menos que o essencialismo ensina. É saber o que é inegociável pra você. É calcular os preços das suas escolhas.

Essa escolha se aplica a praticamente tudo na nossa vida, desde a quantidade de roupas que temos no armário (Marie Kondo que nos ajude a guardar apenas o que nos traz alegria), até o uso do nosso bem mais precioso: o tempo.

Ao saber o que é essencial para mim, o que tem realmente valor, eu passo a viver de forma mais intencional e de fato sinto que estou vivendo, porque faço as coisas que importam. Crio espaço para o que merece. Coloco valor onde o valor está.

Pois como diz Henry Thoreau: "O custo de algo é a quantidade de vida que deve ser trocada por esse algo imediatamente ou a longo prazo".

> *"Somos tolos quando pagamos um preço muito alto por alguma coisa se comparado ao que ela subtrai da nossa existência."*

Quando pensamos dessa forma, temos a tendência de viver o conceito do minimalismo, do consumo consciente, do essencialismo. Porque, no final, o que você compra, o que você faz, como usa seu tempo é para onde está indo a sua vida.

O "Muito" não pode acontecer na arena da distração. Para viver o "muito" é preciso presença. A multitarefa que me perdoe, mas ao fazer muitas coisas eu não vivo o "muito". A beleza da vida é a intensidade contida em momentos únicos.

Onde está a sua atenção está a sua vida. A palavra "ocupado" em japonês é escrita com os símbolos "perder" e "coração". Se estamos ocupados, não é porque não temos tempo suficiente. Estamos ocupados porque estamos sem espaço em nosso coração.

Busque o seu essencial tendo coragem de dizer não aos compromissos que não valem o seu "muito".

Troque a distração das telas pela presença nos momentos que valem o seu "muito".

Conhecer e viver a distinção entre Muitos e Muito é essencial para fazer escolhas melhores. Busque "Muito" nas coisas que mais importam para você.

Não perca tempo com o que não é essencial.

O voo nos ensina a levar só o essencial, o que é prioridade para você?

## Sintonize a frequência correta

Eu estava indo muito bem em uma das minhas primeiras missões no T-25, até esquecer um item importantíssimo durante um cheque antes da decolagem. Nós estávamos parados no ponto de espera, quando o instrutor estranhou o silêncio na fonia.

Ele então percebeu que eu não havia sintonizado a frequência da Torre.

Sabe quando eu iria decolar? Nunca!

Porque eu ainda estava na frequência do Solo, que é a frequência que autoriza apenas a partida e o táxi, mas naquela altura eu já era para ter trocado a frequência para a da Torre, que é a responsável por autorizar a decolagem e demais procedimentos de tráfego.

Muitas vezes, você não decola porque sintoniza a frequência errada. Você ainda está na frequência do Solo e, por isso, ainda não saiu do chão.

Na frequência de Solo estão os pensamentos negativos sobre você mesmo. Mas essa frequência foi selecionada por você no seu rádio. Não esqueça que você é o piloto e pode escolher trocar de frequência.

Pensamentos são como frequências de rádio. Escolha qual você irá sintonizar.

Se você não ocupar sua mente com coisas boas, ela fica vazia e a natureza odeia o vácuo. Ela vai se apressar em preenchê-la com alguma coisa, e como nossa tendência é enxergar o negativo, logo será ocupada pela preocupação, pelo medo, pela ansiedade. De tão violentas, elas tendem a expulsar da nossa mente os pensamentos e emoções tranquilos e felizes.

Escolha conscientemente a frequência de pensamentos que irão impulsionar seu voo.

Mude a matéria-prima dos seus pensamentos. Elimine os noticiários da sua vida, desligue a TV, abra mais livros, leia mais.

Você que diz que não medita, mas você medita sim, só que você está meditando errado. Você está meditando negativamente quando diz: "não vai dar, não vai dar".

Quando você fica com esse pensamento, é uma meditação. "Não faço nada certo."

Ou então fica pensando naquela pessoa que lhe fez mal. É uma meditação errada. Para meditar corretamente, é só trocar esses pensamentos negativos pelos pensamentos daquilo que você gostaria para si. Troque "o não vai dar" por "já deu certo".

Pense numa palavra que você gostaria, um sentimento que você precisa no momento, por exemplo: amor, paz, paciência e fica repetindo ela na sua mente, porque tudo em que a gente coloca o foco aumenta e se manifesta mais na nossa vida.

Quando você trocar a frequência do Solo pela frequência da Torre você vai decolar.

## Hangar emocional

A casa do avião é chamada de hangar. É para lá que o avião retorna ao final de um voo. Nós também possuímos um hangar emocional, que é a emoção para a qual sempre retornamos.

Qual é a emoção que você sente com mais frequência?

O que você sente quando acorda? Quando se despede das pessoas para ir ao trabalho? A caminho do trabalho? Quando chega no trabalho?

O que você sente quando chega em casa? Quando se relaciona com seus filhos, com seus familiares? O que você sente antes de ir dormir?

Faça um teste, anote as emoções que você sente em diversos momentos do seu dia e descubra que emoção predomina em você.

A maioria das emoções que apareceram são agradáveis ou desagradáveis?

Você percebe que uma ou mais se repetem muito? Que emoção é essa?

Esse é o seu hangar emocional. É onde você estaciona seu avião. Ele sempre dá um jeito de voltar para essa emoção. Sabe por que isso acontece? Porque temos a tendência de voltar à emoção que reconhecemos como nosso lar.

Algumas pessoas possuem o hangar emocional no medo, outros na culpa, alguns na reclamação. Você percebe que existem pessoas que têm um comportamento padrão para tudo? É porque essa emoção as governa na maior parte do tempo. É o que elas possuem de mais familiar e, por isso, sempre retornam a ela, não importa o que aconteça.

Eu tinha o hangar emocional na chateação e irritação. Qualquer coisinha me deixava irritada, não importava o que acontecesse eu sempre encontrava um jeito de me chatear. Uma vez, eu estava no carro com meu pai e falei que a música que estava tocando era chata.

Meu pai respondeu: "Cuidado, quando a pessoa acha tudo chato, chata é a própria pessoa."

Aquela frase foi um estalo para mim. Ali, eu percebi que a chata era eu, porque a chateação estava dentro de mim.

Comecei a tomar consciência dos momentos em que eu sentia chateação e, ao fazer isso, eu pude escolher se continuava assim ou se trocava de emoção.

Enquanto não temos consciência, aquela emoção vai dirigir nossa vida; mas, a partir do momento que a percebemos, temos o direito de escolher permanecer ali ou não.

Ao se deparar com essa escolha, você pode estacionar seu avião em outro hangar diferente. Em que hangar emocional você gostaria de parar?

Se é paz, o que você precisa fazer para criar um hangar de paz? O que lhe traz paz?

Se é alegria, o que você precisa fazer para criar um hangar de alegria?

E construa esse novo hangar um pouquinho a cada dia.

Que hangar você vai começar a construir a partir de hoje?

Onde foi que eu me sequestrei da vida que eu realmente quero?

*"Liberdade é pouco. O que eu desejo ainda não tem nome."*
**Clarice Lispector**

## PARTE IV - NINHO DAS ÁGUIAS

Eu fui militar durante dez anos. Fui muito feliz nos anos que passei lá, fiz amigos que levo para a vida, vivi experiências únicas e adquiri aprendizados preciosos.

No entanto, num determinado momento, eu parei de ser congruente com o que o militarismo esperava de mim e parei de dar o meu melhor. Assim, entendi que tinha chegado a hora de partir.

Apesar de ter me dedicado para ficar entre os primeiros colocados da turma e escolher a minha próxima localidade, mudaram a regra no meio do jogo e me designaram para servir na localidade que era a minha última opção. Isso me abalou muito, pois eu me vi sem poder nenhum sobre as minhas escolhas.

Quando eu perdi o poder de escolher a direção da minha própria vida, o local onde eu iria morar, o que eu iria fazer, eu me vi na aleatoriedade. E a aleatoriedade mata a vida.

Talvez você esteja pensando se eu não sabia que a vida militar pede renúncia. Sim, eu sabia. E a minha reação já era um indício de que aquilo não fazia mais sentido pra mim. Que o poder de escolha era algo que eu fazia questão de ter, então tudo começou a ficar diferente para mim. Eu precisava resgatar o poder de fazer minhas próprias escolhas.

Quando eu me vi nesse ponto de inflexão em ter que seguir na carreira militar ou resgatar meu poder de escolha, eu optei pela segunda opção.

## Não deixe que o seu salário custe os seus valores

*"Do que você tem mais medo? De ser comum."*
**Filme Por lugares incríveis**

O poeta Allan Dias Castro tem uma frase que mexe muito comigo: "Me diz o que é pior: desistir do que quer ou se contentar com o que nunca quis?"

Quando eu descobri que a liberdade era um dos meus principais valores, não fazia mais sentido viver uma vida que não respeitava isso.

Nesse momento, eu entendi que não vale a pena viver uma vida trocando o seu salário pelos seus valores.

Porque quando a sua vida não respeita seus valores, você é infeliz. A felicidade está em viver uma vida alinhada com seus valores. Se a liberdade era meu valor principal, como eu poderia seguir uma carreira totalmente abdicada do poder de escolha, onde eu não podia ser o piloto da minha própria vida?

Se hoje você vive nessa situação, saiba que você tem uma escolha. Você não precisa escolher entre desistir do que quer ou se contentar com o que nunca quis. Você não possui apenas essas duas opções. Você tem muito mais opções que as que fizeram você acreditar que tinha. Existem outras possibilidades diferentes das que deram para você.

Você pode buscar aquilo que o faz feliz. Você pode ir atrás daquele seu sonho que disseram para você que não dava dinheiro ou que era impossível viver disso. Você pode construir uma vida alinhada com quem você é, com seus dons e talentos, com o que você nasceu para ser e fazer.

Não deixe que o seu salário custe os seus valores. É um preço alto demais.

## Não seja escravo daquilo que você construiu

*"Você tem que ser quem você é nesse mundo.*
*Em qualquer situação."*
**O protetor - filme**

As pessoas mudam e elas não precisam ficar fazendo a mesma coisa para sempre. Você não precisa ser escravo do que você construiu.

## PARTE IV - NINHO DAS ÁGUIAS

Eu mudei, meus valores mudaram, eu já não cabia naqueles moldes.

E tive a coragem de buscar uma vida congruente com o que eu acreditava.

O valor da liberdade gritava dentro de mim e eu não podia mais abafar essa voz.

Quando eu percebi que eu tinha perdido meu poder de escolha, eu preferi deixar de pilotar helicópteros para pilotar minha própria vida. A mesma coisa que me tirou o poder de escolha, me ensinou a pegá-lo de volta.

Decidi não mais ser escolhida para fazer o que não quero, mas escolher por conta própria o que me faz feliz.

Porque, no final, não adianta culpar os outros pelas suas próprias escolhas, porque até quando você achou que não tinha uma, na verdade, você tinha: a escolha do que vai fazer com o que fizeram com você.

É paradoxal pensar que se o voo representa o mais alto grau de liberdade, como eu poderia não me sentir livre? A verdade é que aquele voo tinha se tornado a minha prisão.

Eu deixei de voar literalmente quando aquele voo deixou de ser minha liberdade. E escolhi voar outros voos. O meu voo da liberdade.

O meu voo da liberdade hoje representa conseguir levar e buscar minha filha na escola, poder ir à praia de bicicleta e surfar numa segunda-feira de manhã, escrever meus livros, passar tempo com a minha família, brincar com meus sobrinhos, fazer as coisas que eu amo.

Qual é o seu voo da liberdade?

## Voar é não abrir mão de quem você é.

## Latino Americano

**GPWS:** Whoop! Whoop! Pull up! Pull Up!
**F/O:** Sink rate! 500 pés!
**Cap:** Luzes! Cadê as luzes da pista? A pista! Onde está?
**GPWS:** Glideslope!
**F/O:** Não estou vendo! Não estou vendo!
**Cap:** Trem em cima! Me dê o trem em cima! Peça outra aproximação!
**F/O:** Torre Kennedy, Avianca 052 heavy arremetendo!
**F/E:** Devagar com o nariz! Não suba o nariz! Não suba o nariz!
**TWR:** Avianca 052 heavy, suba e mantenha 3.000 pés, curva à esquerda proa uno oito zero.
**Cap:** Não temos combustível para outra aproximação!
F/O: Mantenha 2.000 pés, proa uno oito zero.
**Cap:** Não sei o que aconteceu nesta aproximação. Eu não encontrei a pista!
**F/O:** Nem eu.
**F/E:** Nem eu.
**Cap:** Declare emergência!
**F/O:** Avianca 052 heavy, estamos em curva à direita para a proa 180, e, ah, vamos tentar pousar novamente. Estamos ficando sem combustível.
**TWR:** Ok.
**Cap:** O que disse a torre?
**F/O:** Manter dois mil pés, voar na proa 180 e, disse a ele que vamos tentar pousar novamente porque estamos sem combustível.
**Cap:** Fale para a torre que estamos em emergência. Você declarou emergência?

**F/O:** Sim, declarei a eles. (sic)
**APP:** Avianca 052 heavy, boa noite. Suba e mantenha 3.000 pés.
**Cap:** Diga a eles que não temos combustível para subir.
**F/O:** Avianca 052 heavy, subindo para 3.000 pés e, ah, nós estamos ficando sem combustível.
**APP:** Ok, voe proa uno oito zero.
**Cap:** Você disse a eles que não temos combustível para subir?
**F/O:** Sim, eu disse. Mas nós temos de manter 3.000 pés e ele vai nos trazer de volta.
**Cap:** Ok. APP: Avianca 052 heavy, proa zero sete zero. E, ah, vou colocar vocês a umas quinze milhas a noroeste e então trazê-los de volta, assim terão tempo de se preparar para uma nova aproximação. Está bem assim para o seu combustível?
**F/O:** A-a-acho que sim, muito obrigado.
**Cap:** O que ele disse?
**F/E:** El hombre se callentó! (O homem se esquentou).
**F/O:** Quinze milhas para o localizador.
**Cap:** Não, eu vou cortar caminho.
**F/O:** (Exaltado) Precisamos seguir as instruções para o ILS!
**Cap:** Para morrer. Não, de jeito nenhum!
**F/O:** Kennedy, Avianca 052 heavy. Vocês podem nos colocar na reta final imediatamente?
**APP:** Avianca 052 heavy, afirmativo. Curva à esquerda, voe proa zero quatro zero.
**APP:** Avianca 052 heavy, número dois para pouso. TWA 801, você está a oito milhas atrás de um heavy da Avianca, chame a torre em uno uno nove decimal uno. E Avianca 052, proa três três zero.
**F/E:** Flame-out! Flame-out no motor quatro!
**Cap:** Flame-out no motor!

## PARTE IV - NINHO DAS ÁGUIAS

**F/E:** Flame-out no motor três! Essencial (mínimo de combustível) no dois e no um!
**Cap:** (exaltado) Mostre-me a pista!
**F/O:** Avianca 052 heavy, nós, ah, nós perdemos dois motores, precisamos de prioridade, por favor?
**APP:** Avianca 052 heavy, curva à esquerda, voe proa dois cinco zero.
**F/O:** Proa dois cinco zero. Roger.
**Cap:** Selecione o ILS.
**APP:** Avianca 052 heavy, você está a 15 milhas do marcador externo, mantenha dois mil pés até o localizador. Autorizado para o ILS da pista 22L.
**F/O:** Roger, Avianca.
**Cap:** Selecionou o ILS?
**F/O:** Selecionado no dois.
**Cap:** Comandante.
**F/O:** Primeiro Oficial (copiloto).
**F/E:** Engenheiro de voo.
**APP:** Controle de aproximação de New York.
**TWR:** Torre do aeroporto J. F. Kennedy em New York.

Um comandante que não dominava o inglês, um copiloto acuado e tímido na fraseologia, controladores sem escuta ativa presos apenas à fraseologia padrão. Junte tudo isso e o que temos: a queda de um avião por pane seca no meio de Nova York.

Quando se aproximava de Nova York, devido a condições atmosféricas desfavoráveis, o Avianca 052 foi instruído pelo controle a realizar três esperas que juntas somaram mais de uma hora de voo. Após finalmente receberem autorização para interceptar e pousar, tiveram de realizar um procedimento de arremetida devido à ocorrência de *windshear* (tesoura de vento), um fenômeno meteorológico fortíssimo capaz de derrubar um avião. Alguns minutos depois, o controle vetorou o avião para uma nova aproximação, quando os motores 03 e 04 pararam de funcionar por falta de combustível, o que culminou numa colisão com um morro em uma área residencial, vitimando 73 das 158 pessoas a bordo.

O repórter da *The New Yorker*, Malcolm Gladwell analisa brilhantemente esse acidente em seu livro *Outlier - Fora de série* e nos mostra como o discurso mitigado por legado cultural e medo da autoridade de um piloto latino perante controladores de voo americanos foram capazes de derrubar um avião.

O discurso mitigado é uma tentativa de uma pessoa acuada de abrandar o sentido do que está sendo dito. Fazemos isso quando estamos sendo educados com alguém, quando nos sentimos envergonhados ou constrangidos ou quando procuramos ser respeitosos com a autoridade. Mas, definitivamente, não é um discurso cabível na aviação.

Como diz Malcolm Gladwell, é como se, num restaurante, você tentasse convencer o garçom da seguinte forma: "Sim, aceito mais um cafezinho. E, ah, estou sufocando com um osso de frango."

O controlador de voo relatou o seguinte sobre o ocorrido: "Apenas interpretei aquilo como um comentário sem importância."

Outro controlador depôs que: "O copiloto falou de uma maneira muito indiferente... Não havia preocupação na voz dele."

"Estamos ficando sem combustível" não é uma informação de emergência e beira a irrelevância para os controladores de voo, já que todos os aviões, para estarem mais leves, devem chegar ao ponto de aterrissagem quase sem ele.

Nesse caso específico, o discurso mitigado foi usado por legado cultural e medo da autoridade, pois o copiloto latino se sentia numa posição inferior ao controlador americano de Nova York (que possuem a fama de serem rudes, arrogantes e autoritários, grande parte devido à pressão de estarem controlando o segundo maior e mais movimentado aeroporto do mundo).

O copiloto latino se sentiu tão intimidado que preferiu não afrontar a autoridade dos controladores do aeroporto do centro do mundo, mesmo que sua própria vida estivesse em risco.

O psicólogo holandês Geet Hofstede produziu um estudo no qual relaciona o nível de submissão à autoridade em diferentes países ao de queda dos aviões e criou um Índice de Distância da Autoridade (IDP).

Ele descobriu que quanto maior o IDP, o distanciamento da autoridade, maior o índice de acidentes aéreos. Não por acaso, um estudo de IDPs dos pilotos do mundo todo, dos anos 90, colocou a Colômbia em terceiro lugar. Em segundo, a Coreia, cujos jatos da Korean Air caíam ao ritmo de quase um por ano à época dos estudos. E o primeiro lugar dessa lista era o Brasil.

O medo de afrontar a autoridade do controlador explica por que o copiloto não questionou a ordem ir para o fim da fila. Por sua história, seu meio e os condicionamentos culturais, o copiloto latino não teve coragem de enfrentar o controlador e dizer que precisava pousar imediatamente.

Segundo Suren Ratwatte, especialista em fatores humanos, "nenhum piloto americano concordaria em ser posto em padrão de espera tantas vezes, por mais de uma hora, estando com pouco combustível nos tanques".

Sabemos que culturalmente, os americanos possuem um senso de identidade muito mais forte do que os latinos. Vemos isso o tempo todo nos filmes e séries. Os americanos são muito patriotas e têm um orgulho enorme de quem são.

O copiloto latino parecia acuado, tímido e inferior conversando com os controladores americanos.

Eu percebo claramente um problema de identidade. Quando não temos uma identidade forte, nosso discurso é mitigado, nossa fraseologia é fraca, não nos comunicamos com clareza.

Por não sabermos quem somos, não ocupamos nosso lugar e aceitamos que nos deixem "para morrer".

Ele não se sentiu merecedor de ter prioridade no pouso. Ele não quis incomodar as pessoas mais importantes que ele.

A fraseologia tímida e imprecisa do copiloto Mauricio Klotz parecia o tempo todo estar pedindo desculpas pelo incômodo, praticamente pedindo desculpas por existir.

O discurso mitigado do copiloto não foi o único fator contribuinte para esse acidente. O fato de o comandante não dominar a língua oficial da aviação e não declarar a emergência (será que nem isso ele sabia falar em inglês?), os controladores que apesar de não terem ouvido a fraseologia padrão de uma situação de emergência (Pan, Pan, Pan ou Mayday, Mayday, Mayday) foram avisados 9 vezes que o avião estava ficando sem combustível, mas não tiveram escuta ativa e sensibilidade para perceber o problema, também tiveram sua contribuição.

Afinal, como perguntou o juiz no julgamento do pedido de indenização às famílias das vítimas: "vamos supor que sejamos apenas dois meninos brincando de aviação. Se eu dissesse que meu combustível estaria esgotando, você entenderia?".

E com isso, o juiz declarou a corresponsabilidade da administração federal de Aviação junto com a Avianca.

Guardada as devidas proporções do caso, eu já me vi como esse copiloto latino. Quando eu estava começando a surfar, eu não sabia disputar onda. Eu não me achava merecedora da onda, então eu sempre deixava a onda para o outro e nunca entrava na onda. Eu pedia desculpas o tempo todo por atrapalhar as ondas dos outros surfistas. Até que uma vez meu professor falou durante uma aula em que ele ficou me observando do lado de fora: você deixa a onda pra todo mundo e se continuar assim, você não vai pegar nada, porque ninguém deixa a onda pra você. Você precisa se posicionar no mar e lutar pela onda que é sua.

Isso virou uma chave na minha cabeça e eu entendi que eu também merecia, que eu tinha direito de brigar pela onda. Quando eu enxerguei o meu valor, quando eu me vi como merecedora eu passei a pegar as minhas ondas.

Talvez você hoje não esteja tomando posse do que é seu de direito por se achar como o copiloto latino na fila do tráfego em Nova York. Mesmo sendo a prioridade das prioridades ele foi para o final da fila e não assumiu seu lugar, atitude que lhe custou a própria vida. Como ele não sabia quem ele era, foi para o final da fila. A prioridade que ele se deu foi a mesma que deram para ele.

Não adianta você querer que os outros lhe deem prioridade se você não se dá prioridade.

Se o seu conceito sobre você está equivocado, sua vida pode estar comprometida. Um autoconceito errado leva a um autoabandono. Você se descreve erroneamente e tem uma autoimagem distorcida, o que gera uma autoestima baixa, ou seja, você não se dá o valor devido.

O segredo está em mudar seu autoconceito, o que irá refletir na sua autoimagem e na sua autoestima.

Quais os pensamentos que você tem a seu respeito?

Assuma o seu lugar. Não aceite menos do que merece.

Mas você só vai conseguir fazer isso quando souber sua identidade.

Todos nós somos mais do que aparentamos. Na verdade, todos nós somos mais do que sabemos. A nossa inteireza nunca é perdida, apenas esquecida. Inteireza raramente significa que precisamos acrescentar alguma coisa a nós mesmos: ela é mais um desfazer do que um fazer, uma libertação das crenças que temos com respeito ao que somos e dos modos como fomos persuadidos a nos "consertar" para saber quem verdadeiramente somos. Mesmo depois de muitos anos vendo, pensando e vivendo de um jeito, somos capazes de ir buscar além de tudo isso a nossa inteireza e viver de um modo que nunca tínhamos esperado viver. Estar com as pessoas nessas ocasiões é como vê-la apalpar os bolsos para lembrar onde é que guardou sua alma.

Muitas vezes, recobrando a liberdade de ser quem somos, recordamos alguma qualidade humana básica, uma capacidade insuspeitada de amor, solidariedade ou alguma outra parte de nosso direito inato comum como seres humanos. O que encontramos é quase sempre uma surpresa, mas também é familiar; como algo que guardamos no fundo de uma gaveta muito tempo atrás: assim que o vemos, sabemos que é nosso.

**Rachel Naomi Remen**

## *Dog Tag*

Muitos pilotos usam uma *dog tag*, que é uma plaqueta de identificação militar, feita em metal e presa num cordão ao pescoço, contendo seus dados pessoais, como nome, tipo sanguíneo e outras informações importantes sobre sua identidade. Eu tenho a minha guardada até hoje.

Conhecer sua identidade é fundamental para tudo o que você fizer, mas poucas pessoas sabem de fato quem são.

Tudo que é caro, só é caro porque é raro. Por exemplo, o ouro, o diamante; as pedras preciosas são raros e, por isso, muito caros. Mas existe algo mais raro que todos esses materiais: você.

Se o ouro é caro porque é raro, você que é único vale quanto? Quanto você custa sendo que é único?

Você vale algo que ninguém na terra pode pagar. Só uma pessoa conseguiu pagar o preço. Deus não poupou seu próprio filho de pagar o preço que fosse necessário para ter você. Você vale o preço de sangue.

Quando você sabe quem você é e onde quer chegar, nada o para.

Não importa a identidade que você acha que tem, o que importa é a identidade que Deus já lhe deu:

### Você é Imagem e Semelhança de Deus

E disse Deus: façamos o homem à nossa imagem, conforme a nossa semelhança; e domine sobre os peixes do mar, e sobre as aves dos céus, e sobre o gado, e sobre toda a terra, e sobre todo o réptil que se move sobre a terra. (Gn 1:26)

### Você é Filho de Deus e sua herança vem Dele

Mas, a todos quantos o receberam, deu-lhes o poder de serem feitos filhos de Deus, aos que creem no seu nome. (Jo 1:12)

### Você tem um propósito especial ordenado por Deus

Todavia, como está escrito: "Olho nenhum viu, ouvido nenhum ouviu, mente nenhuma imaginou o que Deus preparou para aqueles que o amam". (1 Co 2:9)

**Você foi criado com um chamado específico**
Irmãos, cada um fique diante de Deus no estado em que foi chamado. (1 Co 7:24)

**Você nunca está sozinho**
E eu estarei sempre com vocês, até o fim dos tempos. (Mt 28:20)

**Você nunca é esquecido**
Deus não rejeitou o seu povo, o qual de antemão conheceu. (Rm 11:2)

**Você é amado**
Como o Pai me amou, assim eu os amei; permaneçam no meu amor. (Jo 15:9)

**Você é um vencedor**
Mas, em todas estas coisas somos mais que vencedores, por meio daquele que nos amou. (Rm 8:37)

Saber disso muda algo em você? O que o impede de acreditar nisso?

Assuma seu lugar de piloto da própria vida ativando essa identidade dentro de você. Não importa como os outros nos definem e sim como nós nos definimos.

Leia e releia a identidade que Deus lhe deu quantas vezes for preciso.

O avião é a sua vida e você é o piloto quando sabe qual é a sua identidade.

Enquanto não descobrir, não estará pilotando esse avião. A chave que dá partida nesse avião é acessar sua identidade.

Quando você entende quem você é, você escolhe voar. Ao escolher o voo, você retira as travas, desbloqueia os comandos, elimina excesso de peso, diminui o arrasto, gera tração e ganha sustentação.

Grave sua nova identidade na sua *dog tag* e nunca esqueça de quem você é.

## VOA - Viva o agora

*"Antes de morrer, eu quero estar desperto."*
**Por lugares incríveis**

"FIO!"

Gritei e puxei o coletivo imediatamente, apesar de não estar no comando da aeronave naquele momento.

O instrutor e os tripulantes olharam assustados tentando entender o que aconteceu.

Nós voávamos bem baixo seguindo o fluxo do rio na Serra do Cachimbo, quando surgiu um fio de alta-tensão bem na nossa frente.

Assim que percebi, não pensei duas vezes e comandei o coletivo para cima para ganhar altura e passar pelo fio de alta-tensão. Foi puro instinto de sobrevivência. Não daria tempo de alertar verbalmente para que o instrutor livrasse o fio. Foi preciso agir imediatamente.

Foi o mais perto de um acidente que eu cheguei.

O piloto paga com a própria vida pelos riscos da profissão. Se errar, paga com a vida. Se acontece uma pane, paga com a vida. E também é responsável por outras vidas. As próprias experiências que ele tem em voo estão sempre lembrando a ele que qualquer dia pode ser o último. Os acidentes aéreos estão sempre avisando sobre a brevidade da vida.

A verdade é que a morte é o grande professor da vida. É quando contemplamos a morte, que aprendemos a viver genuinamente.

Somente quando nos damos conta da efemeridade da vida, da velocidade implacável do tempo percebemos o quão curta é nossa passagem por aqui.

Precisamos encarar a morte, para tomar a vida. Isso amplia nosso senso de responsabilidade. Sabendo que essa vida terá um fim, o que você identifica que quer priorizar na sua vida? Que legado você quer deixar?

É verdade que todos nós queremos fazer tantas coisas, temos tantos livros para ler, filmes para ver, coisas legais para fazer e percebemos que nos falta tempo para tudo isso.

A gente quer ter mais tempo, queremos ter mais horas no nosso dia. Mas, no fundo, não é ter mais tempo que vai fazer a diferença na sua vida, mas sim como você vive cada segundo dele. Não é o acúmulo de experiências que conta, mas sim você ter valorizado os pequenos momentos que acontecem a todo instante.

Porque a vida é agora e são exatamente esses pequenos instantes que importam de verdade.

O abraço de um filho, o cheirinho de café, sentir a grama nos pés, a brisa no rosto. Eu tenho um caderno onde escrevo pensamentos e inspirações e as primeiras páginas eu reservei para anotar esses momentos que eu chamo de pequenas alegrias.

Algumas delas, como se deitar na rede, sentir o cheirinho de chuva, assistir ao nascer do sol, o frescor de um banho gelado, andar de bicicleta, tomar café da tarde, conseguir pegar uma onda boa.

Encontrar contentamento no que se tem hoje em vez de estar sempre desejando a próxima coisa que trará a felicidade.

O segredo está em você reconhecer as suas pequenas alegrias todos os dias. Reconhecer esses momentos vai trazer vida para sua vida. E você só faz isso estando no agora. Porque Viver de verdade é estar presente. A felicidade está na gestão do hoje. Ela não se adquire, se ativa.

Tire a vida do piloto automático e coloque no modo avião.

> *"Na parede de um jogo de bingo tem um cartaz com letras gigantes com um lembrete para os jogadores: você precisa estar presente para ganhar."*
> **Rachel Naomi**

Durante um tempo, meu pai andou muito ansioso, com dificuldade para dormir. Depois de muito bater cabeça, ir a médicos, ele percebeu o que ele de fato precisava. Ele só queria uma terra para mexer, um cantinho para plantar e colher. Depois de convencer a minha mãe a entrar nessa com ele, finalmente compraram um terreno e hoje ele não poderia estar mais feliz.

Ele construiu um chalé pequeno para dormir e o resto do terreno é todo para ele plantar e cuidar.

Mexer com a terra é uma forma do meu pai estar na presença e, quando ele aprendeu a viver no agora, ele parou de sofrer de ansiedade, parou de ter problemas para dormir.

Escolha estar presente no agora. Decida viver o agora. Se estiver conversando com alguém, dê toda sua atenção a essa pessoa; se estiver almoçando, concentre-se no sabor da comida, na sua textura; se estiver tomando banho, sinta a água caindo no seu corpo e relaxe; se estiver caminhando, preste atenção nas árvores, nos prédios, nas pessoas.

Fique no agora, saboreie o agora, sinta o perfume do agora, o agora é tudo o que temos.

Nós deveríamos ter um relógio em que todos os ponteiros marcassem o mesmo horário: agora. Porque a hora é sempre agora, então lembre-se sempre de estar no agora. É isso que faz a diferença entre viver de verdade ou apenas deixar a vida passar.

A vida é feita de muitos agoras. No agora, a vida começa a ter mais sentido e propósito. O voo só acontece no agora. Você não pode pilotar ontem nem amanhã, você só pilota o hoje.

Decidir voar é não perder tempo com o que não impulsiona seu avião. É não perder tempo com fofoca, porque está focado no próprio voo. É não perder tempo com discussões porque entendeu que elas não alteram seu rumo. É não se importar com o que falam, porque descobriu seu valor. É desfrutar do percurso. É não ter preocupações porque você sabe que pode usar sua imaginação para coisas melhores. É não remoer o passado, porque você sabe que ele não existe.

Por isso, desfrute do voo, tenha tempo de qualidade com as pessoas que você ama, esteja no agora com elas.

Porque é somente no agora que o tempo se expande e cada momento, único que é, torna-se infinito.

O momento presente é a única coisa que não tem fim.

## Embarque no voo de hoje

*"Todo dia é uma nova vida para um homem sábio."*

Em seu livro *Como parar de se preocupar e começar a viver*, Dale Carnegie conta um trecho da história da Alice no País das Maravilhas, em que a rainha Branca diz para Alice a seguinte frase: a regra é essa: geleia amanhã e geleia ontem, mas nunca geleia hoje.

O autor comenta que a maioria de nós vive dessa forma, aflita com a geleia de ontem e preocupada com a de amanhã em vez de passar agora um monte de geleia de hoje no pão.

Quando penso nisso lembro do que Davi escreveu em Salmos: "Esse é o dia que o Senhor fez, regozijemo-nos e alegremo-nos nele" (Sl 118:24).

Aprender a alegrar-se no hoje é o segredo de uma vida feliz. É por isso que precisamos embarcar no voo de hoje, pois essa é a única possibilidade real de você voar.

Dale Carnegie ensina uma estratégia simples para conseguirmos viver o hoje. Ele diz que só precisamos aprender a viver de agora até a hora de dormir. Esse é um fardo que podemos carregar, por mais difícil que seja, até o anoitecer.

Pare de adiar o presente preocupando-se com o futuro ou esperando pela felicidade além do horizonte e não torne o presente amargo arrependendo-se de acontecimentos do passado.

Da próxima vez que levantar da cama, tenha em mente a determinação de aproveitar ao máximo as 24 horas que você ganhou e se faça a seguinte pergunta:

Como posso embarcar no voo de hoje?

## VOA

*Voa quem vive o agora.*
*Voa quem a preocupação ignora.*
*Voa quem busca a liberdade.*
*Voa quem vive de verdade.*
*Voa quem leva a vida leve.*
*Voa quem sabe que a vida é breve.*
*Voa quem tem atitude.*
*De buscar a melhor altitude.*
*Voa quem usa a potência do coração*
*para chegar nos lugares que já viu com a imaginação.*
*Voa quem não tem medo de cair.*
*Voa quem viaja para dentro de si.*

## PARTE IV - NINHO DAS ÁGUIAS

## Voar é viver em estado de *FLOW*

O psicólogo Mihaly Csikszentmihalyi sempre notou uma genuína alegria nas pessoas de seu país, a Croácia, mesmo tendo vivido num ambiente devastado pela Segunda Guerra Mundial.

Anos mais tarde, quando pesquisava sobre o motivo que levava algumas pessoas a viverem felizes e em estado de satisfação plena, percebeu que isso não tinha relação alguma com os bens materiais.

Descobriu que o ponto em comum entre essas pessoas era uma dedicação exclusiva a algo que eles realmente amavam. Ele chamou isso de estado de *flow* e definiu como "um estado mental que acontece quando uma pessoa realiza uma atividade e se sente totalmente absorvida em uma sensação de energia, prazer e foco total no que está fazendo. Em essência, o *flow* é caracterizado pela imersão completa no que se faz, e por uma consequente perda do sentido de espaço e tempo."

Você deve lembrar algum momento em que o tempo pareceu voar sem você notar. Numa conversa agradável ou fazendo uma atividade prazerosa, você ficou tão imerso na experiência que nada mais parecia importar e a sua percepção de tempo foi alterada. Isso é estar em *flow*. É assim que se pode encontrar prazer no trabalho.

Voar é um estado de *flow*. Voar é encontrar aquilo que o faz ficar em *flow*. Quando estamos em *flow* estamos voando. É uma sensação de leveza da alma, de presença plena, de apenas ser.

Estar em *flow* é fazer o que ama. É amar o que faz. É fazer o que faz você esquecer da hora, esquecer de comer, esquecer dos problemas. É verdadeiramente estar no aqui e agora.

**Exercício:** Anote 5 coisas que fazem você entrar em estado de *flow* e faça mais delas.

## Avião não retrocede

Sabe por que você nunca viu nem nunca verá um avião voando de marcha à ré? Porque a aerodinâmica não permite. Para a asa gerar sustentação, ela precisa se deslocar contra o ar.

E para isso acontecer o avião sempre terá que estar em movimento para frente. Do contrário, se o piloto começar a trazer o manche para trás com a intenção de voar de ré, colocará o avião num ângulo crítico e acontecerá o estol, pois ele perderá sustentação.

Até mesmo no solo você não vê um avião dando ré (nem retrovisor ele tem). Nos aeroportos, quando um avião precisa ser deslocado para trás para deixar o portão de embarque antes da decolagem, um pequeno trator, chamado de *push back*, é acoplado no trem de pouso dianteiro do avião para empurrá-lo.

Ele até poderia andar para trás por conta própria com o uso dos reversos dos motores, o *powerback*, criado para funcionar como freio durante o pouso, invertendo a direção do fluxo de ar. Mas essa técnica gasta tanto combustível e faz tanta poluição sonora que só é utilizada em último caso.

Já no helicóptero o piloto consegue se movimentar em todas as direções, inclusive para trás. Uma das primeiras manobras que eu treinei no helicóptero foi o quadrado. Um exercício feito num quadrado desenhado no chão, onde o piloto voava o helicóptero seguindo as linhas do quadrado sem mudar a proa, ou seja, ele andava lateralmente até a outra ponta, depois voava para trás, depois se deslocava para a esquerda e depois para a frente.

O helicóptero entra até mesmo em áreas restritas, como uma clareira no meio da floresta. Porém ele não faz isso sozinho, pois também não tem retrovisor. Para isso, ele precisa da ajuda dos tripulantes que vão a bordo e são os olhos do piloto onde ele não consegue enxergar.

Tanto que eu só voei solo uma vez no H-50 Esquilo. Todas as outras missões foram com a tripulação completa: dois pilotos e dois tripulantes, chamados de observadores. Tudo que o piloto vai fazer, ele pergunta, direita livre? Esquerda livre? E os observadores respondem se está livre ou não.

Por que eu estou contando isso?

Porque o avião nos ensina a não retroceder.

Em Hebreus 10:38 diz: "Mas o justo viverá pela fé. E, se retroceder, não me agradarei dele."

Quando você tiver mudado da Mente Antiaérea para a Mente VOA, você não voltará atrás. Porque você ganhou aerodinâmica. Você não retrocede.

Voltar atrás não será mais uma opção para você.

O seu pensamento será: retroceder jamais, sigo a proa em direção ao meu destino.

Ter aerodinâmica é não olhar para trás. É prosseguir para o alvo.

É se comprometer 100% com o seu novo rumo.

Mesmo que no caminho você passe por adversidades e precise recorrer aos...

# V
# PROCEDIMENTOS DE EMERGÊNCIA

ÀS VEZES É NECESSÁRIO PERDER O CHÃO PARA DESCOBRIR QUE É POSSÍVEL VOAR.

## Tem queda que faz você voar

> *"A maior glória da vida não está em jamais cair, mas em se levantar a cada queda."*
> **Nelson Mandela**

Após a formatura na Academia, fui declarada aspirante a oficial e designada para a aviação de Asas Rotativas. No ano seguinte, iniciei o Curso de Especialização Operacional na Aviação de Asas Rotativas (CEO-AR) no Esquadrão Gavião em Natal - RN.

Precisei reaprender a voar, já que o helicóptero é totalmente diferente do avião. Novos desafios surgiram: aprender a fazer o voo pairado, pousar em área restrita, decolar e pousar em heliponto, navegação à baixa altura, entre outros. Também vivi muitos momentos incríveis como o meu voo solo no H-50 (Esquilo).

O curso de formação tem duração de um ano e ao final dele temos a oportunidade de escolher a localidade que gostaríamos de servir pelos próximos 3/4 anos, de acordo com a sua classificação no curso. Os primeiros colocados escolhem para onde irão, já os últimos são escolhidos para os lugares que sobram. Essa sempre foi a regra e ninguém nunca questionou ou tentou mudar. Não até aquele ano.

Eu sempre me dediquei para ficar entre os primeiros da turma, em boa parte porque sabia desse critério, e consegui me formar em 12º lugar geral.

Também obtive boas notas no curso de helicóptero, o que me deixaria numa posição de escolher a minha primeira opção ou, na pior das hipóteses, a segunda.

Concluído o curso de formação, eu e meus colegas preenchemos nossas opções, em ordem de preferência. Eram

6 opções de unidades operacionais de Asas Rotativas no Brasil naquela época, localizadas no Rio de Janeiro, Campo Grande, Santa Maria, Recife, Manaus e Belém.

Cada pessoa fazia sua escolha segundo o seu critério, que poderia ser o local, o tipo de aeronave ou o tipo de missão desempenhada por cada Esquadrão.

Nessa época, eu queria muito voltar para o Rio de Janeiro, ficar perto da minha família e também gostava da aeronave voada no Esquadrão Puma, o CH-34, Super Puma, por isso minha primeira opção era o Rio de Janeiro. Mas também aceitaria ir para a minha segunda opção que era Campo Grande, pois me identificava com a missão de busca e salvamento realizada pelo Esquadrão Pelicano.

Eu só não esperava o que eles fariam comigo.

Preenchi minhas opções confiante de conseguir escolher minha próxima localidade e não "ser escolhida". No entanto, o inesperado aconteceu. No dia da divulgação do resultado, fui surpreendida com a notícia de que eu não iria para a minha primeira opção. Nem para a segunda. Tampouco a terceira ou a quarta. Nem mesmo a quinta. Eu havia sido designada para servir na minha última opção: Belém do Pará.

Aquilo foi como um soco no estômago. Tanta dedicação ao longo de 5 anos escorrendo pelo ralo, pensei. Nada justificava aquilo na minha cabeça. Eu me senti muito injustiçada, frustrada, decepcionada.

O que aconteceu foi que, naquele ano, os últimos foram os primeiros e os primeiros, os últimos. O comando decidiu mudar as regras do jogo no meio do jogo e fez uma dança das cadeiras que me jogou para minha última opção.

Sem escolha, fui para Belém, onde servi por 3 anos. Como eu não soube lidar com aquela frustração, vivi bem infeliz durante esse tempo. Foi uma época em que eu me via muito como vítima e não soube fazer do limão uma limonada.

Mas hoje eu entendo que todas as coisas cooperam para o bem daqueles que amam a Deus e que são chamados segundo o seu propósito (Rm 8:28)

Eu aprendi tanto com essa experiência que hoje agradeço por isso ter acontecido comigo. Porque tem queda que faz a gente voar. Então, quando sentir que perdeu o chão, abra os braços e comece a voar.

## Ame a pane

Conta a história que certa mulher ganhou um quebra-cabeças daqueles enormes com várias peças bem pequenas. Sua filha então acorda cedo e espalha as peças no chão. Observa as peças coloridas e nota que outras são escuras e sombrias. As escuras pareciam aranhas feias e um pouco assustadoras. Então, ela decide esconder essas feias embaixo do sofá.

E sempre que tem uma oportunidade, ela vai lá e esconde algumas peças feias.

Semanas depois, a mãe frustrada por não conseguir concluir o quebra-cabeça resolve contar as peças. Ela então percebe que estavam faltando mais de cem peças. A mãe pergunta para a filha se ela sabe onde estão.

A filha então confessa que deu um sumiço nas peças de que não gostava e foi lá em seu esconderijo pegar.

A menina observa a mãe alegremente encaixando peça por peça no enorme quebra-cabeça e espantada diz: Nossa, eu não sabia que haveria uma figura.

Era uma figura muito bonita de uma praia deserta, mas sem as peças feias e escuras o jogo não tinha sentido. Sem as peças de que ela não gostava a figura bela não se formaria.

## PARTE V - PROCEDIMENTOS DE EMERGÊNCIA

Talvez ganhar exija que amemos o jogo incondicionalmente. A vida fornece todas as peças. Muitas vezes, só olhamos as peças isoladamente e já queremos atribuir um juízo de valor sem pensar na figura completa.

Quando negamos ou menosprezamos certas peças na nossa vida, uma perda, um desafio, um fracasso, perdemos a chance de completar uma linda figura no final.

As peças escuras do quebra-cabeça da vida, os eventos difíceis, tristes e dolorosos, com o tempo revelam-se parte de algo maior.

Quando aceitamos como um presente toda e qualquer peça somos surpreendidos com uma figura muito mais bonita do que sequer imaginávamos existir.

> *"A melhor forma de saber se deveria estar chovendo agora é colocando a mão para fora da janela. Se estiver chovendo é porque deveria estar chovendo. Se não estiver chovendo é porque não deveria estar chovendo."*
> **Eckhart Tolle**

Os chineses usam o mesmo símbolo para representar a palavra problema e a palavra oportunidade. Isso significa que tudo vai depender de como você encara a situação e isso é o que fará a diferença na sua experiência e resultado final.

O aconteceria se você parasse de olhar para os seus desafios como problemas e se perguntasse: que oportunidade essa situação está me oferecendo?

Fomos programados a não gostar de problemas, de imprevistos, de perrengues, de qualquer situação adversa. Fugimos das panes que aparecem no nosso voo. Fingimos que não vemos as luzes de emergência acesas, tapamos os ouvidos para os avisos sonoros. Não queremos ver, não queremos resolver.

Você está pronto para pegar a pane, mas para isso você precisa amar a pane. Enquanto você fugir da pane, ela vai pegá-lo.

Amar a pane é aceitar que a vida não é um caos aleatório. Que tudo acontece com um propósito. Tudo tem um sentido e uma finalidade, você só precisa descobrir qual é. Nem sempre você vai conseguir fazer isso na hora, mas certamente depois que passar por ela, você entenderá que as coisas que acontecem com você não são à toa. Isso é a pedagogia da Universidade da Vida. As panes são professores disfarçados para forjar o seu caráter e o seu amadurecimento.

Se eu penso que a vida é um caos, eu acredito que ela é injusta comigo, mas isso não é verdade. Essa pane não está acontecendo contra você, ela está acontecendo para você. Para que você se torne um piloto melhor.

Aquilo que nos atinge é o que necessitamos viver. Ame as panes porque são elas que vão permitir o seu crescimento. Se essa pane pegou em você é porque era para você. Pega ela de volta.

## Amar a pane é aceitar a realidade como ela é

Nas ruínas de uma catedral do século XV em Amsterdã tem uma inscrição que diz: "É assim. Não pode ser de outra maneira."

Amar a pane é aceitar que o que está acontecendo deveria sim estar acontecendo, porque de fato está. É parar de brigar com a realidade, mas sim agir proativamente para fazer um pouso seguro com o que você tem em mãos.

Quando eu aceito que não pode ser de outra maneira, eu me livro do peso de sofrer com o que não é. A aceitação sempre vai ser o primeiro passo.

Não são as circunstâncias que nos deixam felizes ou infelizes, mas a forma como reagimos a elas que determina como vamos nos sentir.

## PARTE V - PROCEDIMENTOS DE EMERGÊNCIA

Na biblioteca do palácio de Buckingham, Jorge V pendurou um quadro que diz: "Ensina-me a não chorar pela lua, tampouco pelo leite derramado."

A dor é obrigatória, mas o sofrimento é opcional. Quanto mais você resiste, mais você sofre. Somos nós que escolhemos com qual atitude, com qual emoção vamos encarar esse desafio.

Precisamos aceitar que o agora é sempre perfeito, mesmo quando o que estiver acontecendo não for aquilo que você gostaria que estivesse acontecendo. Mesmo que ele não pareça perfeito, ele é perfeito, simplesmente porque é o que está acontecendo. Se fosse para acontecer outra coisa estaria acontecendo essa outra coisa.

Quando protestamos e nos debatemos contra a realidade, nos tornamos pessoas amargas e o pior é que não mudaremos a situação, mas mudaremos a nós mesmos. Já quando paramos de lutar contra o inevitável, liberamos energia para viver de verdade. Por isso, tente suportar com leveza o que precisa acontecer na sua vida, assim como Jó que suportou muitas perdas e ainda assim, disse: "o Senhor o deu, e o Senhor o tomou: bendito seja o nome do Senhor" (Jó 1:21).

Que possamos aceitar tanto o mal quanto o bem, pois temos a certeza de que todas as coisas cooperam para o bem daqueles que amam a Deus, daqueles que são chamados segundo o seu propósito (Rm 8:28).

## Estamos indo para o Hudson

*"Atingimos aves. Perdemos potência em ambos os motores. Retornando para LaGuardia."*
**Diz o piloto.**

"Entrada de emergência", diz o controlador de torre, enquanto tenta organizar a aterrissagem no aeroporto Teterboro, em Nova Jersey.

"Cactus 1529, vire à direita dois-oito-zero" para Teterboro, ordena o controlador.

"Nós não podemos fazê-lo", responde o piloto.

"Que pista você gostaria em Teterboro?", pergunta a torre.

"Estamos indo para o Hudson", diz o piloto.

"Aqui é o comandante. Assumam a posição de impacto."

Logo após esse diálogo, o capitão Chesley Sullenberger conseguiu pousar um Airbus com 155 pessoas a bordo no congelante rio Hudson, em Nova York, nos Estados Unidos, depois que os dois motores da aeronave colapsaram devido ao choque com um bando de pássaros. Todas as 155 pessoas a bordo do avião sobreviveram.

Relatos de um acidente aéreo assim são tão raros que esse ficou conhecido como o milagre do rio Hudson e teve muita repercussão, virando livro e filme.

Eu tenho certeza de que já passou pela sua cabeça: como os pilotos conseguem ser tão frios durante as emergências? Como lidam com tanta tranquilidade com as situações mais críticas durante o voo?

Sabe por que os pilotos parecem tão calmos como se tudo estivesse na maior normalidade? Porque eles treinaram para isso a vida inteira. Eles sabem o que fazer. Eles sabem, acima de tudo, que não adianta se desesperar, pois precisam agir para resolver a emergência.

Se no meio de uma pane em voo, onde vidas estão em risco, o piloto mantém a calma, por que você perde a paciência com qualquer coisinha?

A atitude do piloto é o resultado de muito treinamento em pegar a pane. Pegar a pane é resolver o problema da melhor forma possível com os recursos disponíveis no momento.

## PARTE V - PROCEDIMENTOS DE EMERGÊNCIA

Em algumas missões, o instrutor simplesmente reduzia o motor em voo e falava: PANE!

O aluno sem controle emocional "colava as placas" no jargão militar. Mas aquele que se preparou mental e emocionalmente pegava a pane.

Isso era uma pane simulada, mas a atitude era real. O instrutor precisava saber se o aluno era capaz de pegar a pane, que nesse caso era encontrar um local para pouso e fazer uma aproximação satisfatória. Não precisava nem pousar, porque já na rampa de aproximação o instrutor dizia se o aluno pegou a pane ou não.

Pegar a pane é resolver o problema. E ele só consegue fazer isso mantendo a calma, a consciência e o foco na solução. O piloto não foge da pane, ele encara a pane.

Ele estuda os procedimentos de emergência, ele faz simulador, ele se prepara para o que pode dar errado. Ele tem um arquivo mental com as possibilidades de falha adquirido com muito estudo e preparo. Na *checklist* da aeronave, existe um catálogo com todos os procedimentos de emergência descritos passo a passo e o piloto precisa estudar muito bem cada um deles.

Situações adversas vão acontecer. Mas o piloto da própria vida é aquele que está preparado para elas, que tem uma *checklist* e sabe pegar as panes da vida. Sabe sair de um parafuso, sabe recuperar um estol, sabe suportar a turbulência, porque caso contrário...

## A falta de controle emocional pode derrubar seu avião

Tão importante quanto aprender a pilotar um avião, é aprender a reagir a uma situação de emergência. Ter controle emocional, sangue frio, manter a calma e agir assertivamente em momentos de muita pressão.

Como piloto militar, eu sempre treinei muito sob pressão e isso me ajudou a ter controle emocional para agir no meio do caos.

Voltando ao sequestro do voo 375, nosso quase 11 de setembro, um dos passageiros relatou que a capacidade de pilotar de Murilo, seu jeito de negociar com o sequestrador Nonato e com as autoridades, sua calma e consciência evitaram uma tragédia.

Porque sem controle emocional seu avião cai.

O comandante Murilo foi capaz de manter a calma mesmo após ver seu copiloto e amigo morrer ao seu lado com um tiro na nuca, por tentar pegar o rádio para responder à Torre. Apesar de abalado emocionalmente, ele tomou decisões acertadas, como esconder Brasília nas nuvens para o sequestrador pensar que o aeródromo estava fechado para pouso, forçando-o a mudar de planos e seguir para Anápolis.

A perícia e controle emocional de Murilo salvaram a vida de 97 passageiros.

Quantos de nós teríamos tamanho controle emocional diante de uma situação de pressão como essa?

É por isso que para ser piloto da própria vida você precisa estudar as panes no solo para evitar o pânico no ar.

## Estude as panes

"As emergências para as quais você treina raramente acontecem. A emergência para a qual você não treinou é a que poderá matá-lo."

Aprendemos na escola a resolver problemas de matemática, mas não somos ensinados a resolver os problemas da vida. Quantas pessoas se preocupam em estudar sobre o funciona-

## PARTE V - PROCEDIMENTOS DE EMERGÊNCIA

mento do seu cérebro, em se desenvolver como seres humanos, em ter inteligência emocional? Você que está lendo este livro faz parte de 2% da população que busca conhecimento.

Estudar as panes é desenvolver sua inteligência emocional, aprendendo a agir nos momentos de caos.

Grande parte dos acidentes são causados por falha humana. O homem falha muito mais que a máquina e, muitas vezes, o piloto acaba sendo a própria pane. O piloto é a própria pane quando ele não tem autocontrole, quando não toma decisões acertadas, quando reage mal.

Apesar de existir a *checklist* com os procedimentos de emergência, nós decorávamos todas as panes e eram tantas que tinha uma para cada dia. Era muito comum o instrutor perguntar a "Pane do dia" durante o *briefing* e nós cotejávamos sem pestanejar. Já estava no sangue.

Estudar as possíveis panes é o que vai garantir familiaridade e tranquilidade para agir em caso de emergência e estar preparado para uma emergência salva-vidas. A confiança em saber o que fazer traz assertividade no momento crítico.

Assim é na nossa vida. Precisamos estar preparados sempre e, principalmente, manter a calma nas situações desafiadoras.

Por mais que você não tenha o controle dos fatores externos, você sempre tem o controle da sua resposta e do próximo passo, ou, pelo menos, deveria ter, mas você insiste em deixar seu avião no piloto automático.

Talvez tenha sido para isso que essa pane apareceu, para que você desacople o piloto automático e volte a controlar sua vida manualmente. Quero ver se você é pé e mão.

## Onde há fumaça, há fogo

Um dos acidentes mais bizarros da aviação foi o ocorrido com o Saudia 163. Aos sete minutos após a decolagem um dos alarmes de incêndio do compartimento de carga traseiro tocou, mas inacreditavelmente a tripulação ficou discutindo se um acionamento do alarme de fumaça indicava realmente a fumaça.

O engenheiro de voo testava os alarmes para ver se estavam mesmo funcionando, para ter certeza de não ser o caso de uma pane do indicador (quando o instrumento de indicação está com defeito e não há a emergência real). Enquanto isso, estranhamente, o copiloto assobiava na cabine.

As nossas avós já diziam que onde há fumaça, há fogo, mas a tripulação do Saudia 163 parecia nunca ter ouvido esse ditado.

O engenheiro foi então até a parte traseira do avião, onde a fumaça já chamava a atenção dos passageiros. Ele volta à cabine e avisa aos pilotos que há mesmo fumaça. Os pilotos solicitam retorno ao aeroporto de origem por motivo de fogo, mas em nenhum momento declararam emergência.

O mais inacreditável é a atitude do engenheiro de voo que mesmo vendo a fumaça ficava repetindo "nenhum problema", "nenhum problema". Talvez para tentar se acalmar, mas, ao mesmo tempo, isso acabou não demonstrando a gravidade da situação aos pilotos.

"Acho que está tudo bem agora", repete ele.

Outros alarmes de incêndio voltam a disparar e o piloto volta a cantar.

Na cabine de passageiros, entretanto, o caos já estava instalado.

Durante os procedimentos de pouso, a tripulação seguiu a *checklist* de pouso normal e não a de pouso de emergência,

## PARTE V - PROCEDIMENTOS DE EMERGÊNCIA

como a situação pedia, além disso, não realizaram uma evacuação imediata, ao contrário, perderam um bom tempo cumprindo itens desnecessários.

Após pousar normalmente, como se nada estivesse acontecendo, o avião ainda passou inacreditáveis 2 minutos e quarenta segundos taxiando até parar completamente, enquanto era seguido pelo caminhão dos bombeiros. Depois disso, ainda demoraram a desligar os motores o que tornava perigoso a aproximação dos bombeiros. Somente 3 minutos após a aeronave ter parado os motores foram desligados.

Depois de todo esse desperdício de tempo, a última transmissão da aeronave ouvida pela torre foi: "afirmativo, estamos tentando evacuar agora."

Infelizmente, 301 vidas foram perdidas, no que foi o terceiro acidente mais mortal de todos os tempos.

Ao que parece, ninguém percebeu a gravidade do acidente. Enquanto o fogo alastrava-se pelos materiais inflamáveis da aeronave, o piloto cantava e assobiava, o engenheiro dizia "está tudo bem" e todos tratavam um pouso de emergência como um pouso normal.

Se os pilotos tivessem parado o avião o mais rápido possível após o pouso e realizado uma evacuação imediata, muito provavelmente todos teriam sobrevivido.

O sinal de fogo era real. O fogo era real. Mas ninguém deu ouvidos aos sinais.

Assim como quando o avião tem uma pane, o painel emite um alerta sonoro ou visual para que o piloto identifique imediatamente e reaja, na nossa vida também precisamos estar atentos aos sinais.

Seu corpo emite sinais de que o emocional não vai bem. Seu relacionamento emite sinais, sua situação financeira, tudo está o tempo todo emitindo sinais de alerta. A sua vida está emitindo alarmes o tempo inteiro.

Alguns avisos são como aquele alerta de fumaça e você tem que agir rápido para que o fogo não se espalhe por toda a aeronave.

O piloto da própria vida sabe identificar os alarmes e age com assertividade para apagar os pequenos incêndios antes que se tornem grandes demais. Ele mantém o foco no que pode controlar, pois, numa pane, não importa o que acontece, mas como se reage. Esteja atento aos primeiros sinais de fumaça e não menospreze os pequenos focos de incêndio.

**Exercício:**
O que pode dar pane hoje?
Como posso evitar ou minimizar essa pane?

## Crie uma *checklist* de emergências

Assim como o piloto tem a *checklist* com os procedimentos de emergências e se prepara para elas, nós também precisamos criar a nossa própria *checklist*.

Identifique as situações de pane da sua vida e faça uma *checklist* do tipo "Se" / "Então".

Exemplo: se eu estiver me sentindo muito cansado ou estressado... então eu vou tirar um tempo para mim, vou tomar um banho relaxante, antes de qualquer coisa.

Se eu sentir ansiedade... então eu vou respirar fundo, ouvir uma música calma, pensar em algo bom.

Ter esse *checklist* em mãos é o que vai fazer você não perder a paciência com seu filho por besteira ou não descontar sua ansiedade na comida ou em outras compulsões.

Isso é muito poderoso e vai ajudá-lo a estar no controle em vez de apenas ficar no modo reativo, tendo, muitas vezes, reações indesejadas.

## E se o motor parar, plane

Você sabia que se o motor parar de funcionar nem tudo está perdido? O avião não despenca do céu simplesmente porque perdeu os motores. Graças à aerodinâmica, ele pode planar, ou seja, descer controladamente até o pouso (o problema é só encontrar uma área livre de obstáculos enquanto ele desce sem parar).

Quando o avião perde a força horizontal do motor, a solução para mantê-lo voando é trocar a altura por velocidade, ou seja, colocar o avião numa atitude picada (nariz do avião para baixo) e começar a descer. O helicóptero também consegue planar, chamamos esse procedimento de autorrotação, quando o próprio ar aciona os rotores de sustentação, permitindo uma descida controlada.

Todo avião plana. Esse é o princípio dos planadores, que você já decola com pane no motor, porque ele não tem nenhum. Eu era instrutora de planador no Clube de Voo a Vela e amava a sensação de planar.

Para o melhor desempenho da aeronave, existe a velocidade ideal de planeio, que é a melhor velocidade que faz com que o avião voe a uma distância mais longa e desça o mínimo possível, para que assim o piloto tenha mais tempo de se preparar para o pouso e encontrar um lugar para pousar.

Ou seja, o motor parou? Não se desespere, você plana!

Mude sua atitude, agora um pouquinho mais picada, troque altura por velocidade e capriche na razão de descida para chegar mais longe.

## O maior legado da Aviação

Enquanto Primeiro-Tenente da Força Aérea Brasileira eu fui Oficial de Segurança de Voo da Base Aérea de Belém.

O oficial de segurança de voo é o elo SIPAER (Sistema de Investigação e Prevenção de Acidentes Aeronáuticos) de sua unidade. Ele é o responsável por uma série de atividades relacionadas à prevenção de acidentes, como, por exemplo, a elaboração e a execução do Plano de Emergência Aeronáutica em aeródromo, do Programa de Prevenção de Acidentes Aeronáuticos - PPAA, realização de vistorias de segurança operacional, promoção de atividades educativas, que juntos promovem a identificação e avaliação das áreas de risco e geram recomendações de segurança aos órgãos e usuários da aviação.

Esse nome "elo" é interessante porque ele representa realmente um elo de uma corrente que é a segurança de voo. Quando um acidente acontece, é porque alguns elos dessa corrente se romperam.

Durante o curso de prevenção e de investigação de acidentes aeronáuticos no CENIPA, eu estudei como os acidentes acontecem e, principalmente, o que fazer para evitá-los.

Ao assumir o cargo de Oficial de Segurança de voo, pude acompanhar de perto várias dessas atividades de prevenção a incidentes e acidentes aeronáuticos. Uma vez por semana, fazíamos a cata FOD (do inglês *Foreign Object Damage* ou Dano por Objeto Estranho) que nada mais é do que fazer um pente-fino humano na pista olhando atentamente para o chão procurando objetos soltos e os recolhendo para a análise.

Eu também recolhia os Relatórios de Prevenção - RELPREV (que antigamente eram chamados de relatório de perigo), que são relatórios que informam uma situação com potencial de risco para a segurança operacional. O RELPREV é uma ferramenta indicada sempre que qualquer pessoa da organização identificava a necessidade de reportar um evento ou situação observada (condição latente ou falha ativa), com potencial para acarretar risco para a segurança das operações de tráfego aéreo; e/ou reportar uma ocorrência de tráfego aéreo.

Esse relato voluntário por parte de qualquer pessoa permite ao Elo-SIPAER da organização envolvida tomar conhecimento da situação de perigo e atuar a fim de eliminar ou mitigar o risco existente.

A aviação tem muito forte essa cultura de segurança, que engloba a cultura do reporte e a cultura do aprendizado. Essa cultura é amplamente divulgada e enfatizada em todas as organizações.

A aviação é segura hoje devido a uma mentalidade diferenciada: a de aprender com os erros. Ela aprendeu à custa de muitos acidentes, mas cada um deles serviu para torná-la mais segura.

Eu acredito que o maior legado da Aviação é aprender com o erro.

E para aprender com o erro, a aviação mergulha fundo em busca da verdade. É por isso que, numa investigação de acidente, gastam-se milhões procurando a caixa-preta do avião porque ela possui informações valiosíssimas que servem para evitar acidentes futuros.

Isso assegura que procedimentos possam ser mudados para que o mesmo erro nunca mais aconteça.

Outro fator importante para a cultura da segurança é o fato de que não se procuram culpados em acidentes aéreos. Quando se procura culpados é comum que a verdade seja encoberta, escondida pelos envolvidos para evitar culpas e responsabilidades.

O SIPAER possui como filosofia a prevenção e o objetivo de qualquer investigação é prevenir novos acidentes semelhantes.

Essa filosofia possui algumas premissas, tais como:

- Todo acidente deve ser evitado.
- Todo acidente tem um precedente.
- Em prevenção de acidentes não há segredos, nem bandeiras.
- Acusações e sanções atuam diretamente contra os interesses da prevenção de acidentes. Todo acidente resulta de uma sequência de eventos e nunca de uma "causa" isolada.

Normalmente quando ocorre um acidente, as pessoas querem logo saber qual foi a causa dele, mas você nunca verá um relatório final do CENIPA, o órgão que investiga os acidentes, com uma única causa do acidente.

Porque simplesmente não existe uma causa, mas, sim, uma sequência de eventos que não foi interrompida, culminando no acidente. É como um dominó enfileirado, onde cada peça é um fator contribuinte, que se for retirado, evita que todas as peças caiam. A prevenção é retirar uma peça desse dominó, evitando, assim, o acidente. E os elos SIPAER servem para que esse efeito dominó não se complete.

No final da investigação, o CENIPA gera recomendações de segurança para atuar nesses fatores contribuintes, para que não se repitam.

Assim, todas as investigações servem para que aquele acidente não aconteça de novo.

Muitas vezes, estamos fazendo o oposto desta filosofia. Queremos encontrar os culpados pelos erros em vez de buscarmos os fatores contribuintes. Buscamos punir em vez de gerar recomendações de segurança. Enquanto fizermos isso, não vamos prevenir os próximos acidentes. Enquanto você buscar culpados, está perdendo o foco da investigação.

Da próxima vez, que um erro ocorrer, abra a caixa-preta, investigue, analise, estude todos os dados gravados nela. No longo prazo, bem mais importante que buscar culpados é encontrar alternativas que evitem erros futuros.

## Para o avião voar seguro, ele precisa pensar em falhar

O desenvolvedor de sistemas de controle metro-ferroviários, Arnaldo Yokomizo explica o seguinte: "Um sistema do qual dependem vidas, como é o caso de sistemas de controle de trens, aviões, elevadores, escadas rolantes, etc., é projetado com a segurança em mente. Dizemos que esses sistemas têm de aderir a certas normas de segurança chamadas *Safety Integrity Level* (SIL). Essas normas estabelecem que o sistema deve ser projetado para ter uma probabilidade de falhas inseguras menor do que um padrão (não é possível projetar um sistema que nunca falhe).

A redundância é uma técnica para projetar sistemas seguros. Por exemplo, um avião Boeing 777 tem 2 turbinas a jato (e um auxiliar). Ele pode voar, ao menos por um período curto, com apenas um motor. Então, o outro motor é redundante: não é estritamente necessário para voar, mas existem dois para ser seguro em caso de falha de um deles, chamamos isso de 'seguro em caso de falhas', ou *fail-safe* em inglês.

O sistema hidráulico que controla os ailerons, *flaps*, estabilizadores etc. também tem redundância: há três deles. Mesmo se dois sistemas hidráulicos falharem, ainda assim o sistema funciona.

Existem, também, mais de um computador a bordo de controle do avião; em caso de falha de um deles, o sistema ainda funciona.

Os mostradores no console do avião também são redundantes; há dois deles, um para o piloto e outro para o copiloto. O fato mesmo de haver um piloto e um copiloto é outro exemplo de redundância.

Existem dois sensores de velocidade relativa do avião ao ar; dois sensores de ângulo de ataque etc.

Todos os sistemas vitais em um avião têm redundância. A redundância pode ser procedural: em caso de falha do sistema de pilotagem automática, reverte ao modo manual. Se o mostrador X falhar, derive as informações do mostrador Y, por exemplo.

Quando projetamos um sistema para ser seguro, fazemos uma planilha grande, chamada Análise de Modos de Falhas e Efeitos (*Failure Mode and Effects Analysis - FMEA*). Basicamente, perguntamos: se o componente X falhar, o que acontece? O que podemos fazer para mitigar o problema e torná-lo seguro na probabilidade desejada? Isso se faz tanto para os componentes em escala grande (a turbina a jato) quanto para o menor componente (o rebite que junta a pá da turbina ao resto da turbina). Muitas vezes, a resposta a essa pergunta é ter redundância."

Se até o avião pensa nas falhas porque você acha que não pode falhar?

Você pode errar, só não nas mesmas coisas. Por isso...

**Nunca pare de se perguntar quais são as lições aprendidas.**

Após uma manobra operacional do meu Esquadrão, eu fiquei responsável por levantar as lições aprendidas daquele exercício para que no próximo ano eles não fossem repetidos. Isso me trouxe uma grande lição e até hoje eu tenho o hábito de anotar as lições aprendidas das situações que eu vivo.

O legado da aviação de aprender com os erros é tão poderoso que há um esforço de se levar essa mentalidade para outras áreas, como por exemplo a área médica, na qual muitas vidas são perdidas por erros que não são sequer investigados.

No livro *O princípio da caixa-preta*, Matthew Syed narra a história de uma cirurgia de rotina de uma mulher de 37 anos para resolver seu problema de sinusite. Durante o procedimento de anestesia, o médico não consegue inserir a máscara laríngea que auxiliaria na respiração da paciente porque sua mandíbula se contraiu. A saturação de oxigênio caiu para 75%. O médico então tenta utilizar uma máscara de oxigênio facial, mas não consegue fazer com que o ar chegasse a seus pulmões. Então ele tenta uma técnica chamada entubação traqueal. Ele consegue desativar os músculos da mandíbula aplicando um agente paralisante na corrente sanguínea permitindo que a boca da paciente se abrisse, porém não consegue ver a via aérea, porque em alguns pacientes é obscurecida pelo palato mole da boca. Enquanto isso, a saturação de oxigênio caiu para 40% e sua frequência cardíaca para 69 batidas por minuto. Outros dois médicos se juntam para ajudar, pois a situação está ficando crítica.

Uma enfermeira interpreta corretamente qual seria o próximo passo. Ela sai correndo e volta com um kit de traqueostomia, um dos últimos recursos utilizados nesses casos. Ao mostrar o kit aos 3 médicos, eles dão uma olhada para trás, mas, por algum motivo, não reagiram e continuaram absortos em suas tentativas de forçar o tubo na oculta via aérea da paciente.

A enfermeira então hesita em insistir e concluiu que os médicos, profissionais experientes, com certeza tinham considerado a traqueostomia, mas, por algum motivo, a descartaram, afinal eles eram as autoridades ali e ela poderia distraí-los interrompendo-os indevidamente.

Quando finalmente os médicos conseguem fazer a saturação voltar aos 90%, a paciente já tinha ficado sem ar por 20 minutos, o que causou danos irreparáveis.

O médico então informa ao marido de Elaine, Martin, que houve um problema na anestesia e sua esposa estava em coma. Disse ainda que isso é "uma dessas coisas que acontecem", que foi uma exceção, um caso único. Não mencionou as infrutíferas tentativas de entubação, nem a falha de não ter tentado uma traqueostomia de emergência. Nem a tentativa da enfermeira.

Após 13 dias em coma, Elaine faleceu deixando marido e dois filhos.

## Não tire conclusões, pergunte

O que grita para mim nesse acidente hospitalar foi o fato de a enfermeira ter tirado uma conclusão a respeito dos médicos, interpretando que eles haviam descartado a traqueostomia.

Isso é o que fazemos o tempo todo. Tiramos conclusões de situações, do que o outro falou, quando o correto é perguntar.

Você só pode ter certeza de algo perguntando. Não deixe que sua mente imagine, você não tem bola de cristal.

## Não negue a falha, aprenda com ela

Inconformado, Martin se perguntava o que teria dado errado já que sua esposa era saudável e a cirurgia de rotina. Ele não questionava se os médicos tinham feito tudo o que podiam, simplesmente não parava de se perguntar quais eram as lições aprendidas.

Ele então vai até o hospital e apresenta ao chefe da UTI um pedido de investigação da morte de Elaine, mas obteve como resposta que o setor não faz investigações, exceto quando alguém abre um processo contra eles.

No entanto, Martin não desistiria, afinal, a cultura organizacional a qual ele estava inserido reagia totalmente diferente ao erro. Martin trabalhou por mais de vinte anos como piloto em linhas aéreas comerciais. Jamais deixaria que as lições de uma cirurgia malsucedida fossem enterradas junto com a esposa.

Aos poucos, Martin foi descobrindo que aquele erro médico não tinha sido um caso único. Ele poderia ter um padrão. Padrão esse até então desconhecido pelo fato de não haver o hábito de investigar os "acidentes" médicos em busca da prevenção como a aviação faz. Se agisse adequadamente sobre o padrão do erro, vidas futuras poderiam ser salvas.

Enquanto um erro médico é marginalizado e estigmatizado, muitas vezes visto como uma incompetência, um erro do piloto não é motivo de acusação, mas uma preciosa oportunidade de aprendizado para todos os outros pilotos e setores envolvidos.

Alguns médicos alegam que o motivo de não se falar abertamente sobre os erros é que os pacientes poderiam recusar tratamentos se soubessem a porcentagem de erros médicos.

## PARTE V - PROCEDIMENTOS DE EMERGÊNCIA

O problema é que não são só os pacientes que não ficam sabendo dos erros, os médicos também não e, por isso, ficam impedidos de aprender com eles. E se você não identifica o erro, não tem como corrigir. A negação do fracasso, a autojustificação transforma-se numa barreira para o progresso.

Em vez de negar a falha, a aviação aprende com a falha. Enquanto outros setores continuarem negando, estarão fadados a incorrerem nos mesmos erros.

Algumas pessoas aprendem com os erros, outras não. Só quem erra e aceita a natureza da falha, cresce, pois ninguém nasce excelente, só o tempo e o ajuste fazem o mestre.

Como você lida com seus erros? Você nega, esconde ou aprende com eles? É natural do ser humano evitar erros e falhas. Enquanto a maioria esconde os erros, a indústria aeroespacial usa do erro, da falha, do desastre, para aprimorar seus modelos e tornar o transporte cada vez mais seguro.

Em contrapartida, ainda hoje, erros médicos, jurídicos etc., continuam a prejudicar milhões de vidas em todo o mundo simplesmente pela maneira de encarar seus erros.

A chave para o sucesso é uma atitude positiva em relação ao fracasso. Um dos fatores determinantes para o sucesso em qualquer área é o reconhecimento do fracasso. No entanto, a maioria das pessoas se relaciona negativamente com ele, raramente reconhece ou aprende com seus erros, e isso as impede de progredir e inovar, além de prejudicar suas carreiras e vidas pessoais.

O sucesso depende de como reagimos ao fracasso, pois o fracasso serve de aprendizado. Se você olha para o seu dia e não consegue enxergar um aprendizado, uma lição, é porque você não está prestando atenção aos detalhes.

A vida foi feita para aprendermos todos os dias. Olhe para o seu dia e veja quais foram as lições aprendidas. Se você não consegue ver lições, só consegue ver problemas, está na hora de olhar com outros olhos, mudar a lente.

Olhe para os seus erros como grandes presentes, grandes oportunidades para aprender uma lição. Não fique preso ao estigma do fracasso. Use-o para voar seguro pela vida.

## Pegue a pane, mas não fique obcecado por ela

O voo *United Airlines* 173 decolou de Nova York com destino a Portland, Oregon. Após receber autorização do Controle de Tráfego Aéreo para iniciar a descida, o piloto iniciou os cheques previstos, entre eles, o abaixamento do trem de pouso.

Mas algo não saiu como esperado. Em vez de descer suavemente e se encaixar no lugar, o que todos ouviram foi um barulho forte seguido de um tremor.

Entre os passageiros, nervosismo. Entre os tripulantes, a dúvida: baixou ou não baixou o trem de pouso?

Um dos itens da *checklist* de pré-pouso é checar se o trem de pouso está baixado e travado e o que fornece essa indicação são as luzes indicativas no painel, que nesse caso não acendeu.

Para entender o que estava acontecendo, o piloto pediu ao controle mais tempo de voo, o que foi prontamente aceito e orientado a se manter numa órbita padrão de manutenção ao sul do aeroporto de Portland.

Os tripulantes fizeram algumas checagens, mas como não tinham como ter certeza, pois as luzes não acenderam, a dúvida ainda permanecia.

Pousar sem trem de pouso normalmente não chega a causar vítimas fatais, mas não deixa de ser perigoso de todo modo.

Enquanto tentavam encontrar uma resposta, um outro problema começava a gritar mais alto: o combustível.

O engenheiro de voo Mendenhall avisou o comandante McBroom que as reservas de combustível estavam se esgotando.

Mas nada foi feito. O comandante continuou concentrado na questão do trem de pouso.

Alguns minutos depois, o engenheiro de voo novamente alertou o comandante sobre o pouco combustível, porém inacreditavelmente o comandante diz que eles têm 15 minutos de voo.

A cada minuto que se passava, a tensão aumentava e ninguém entendia por que raios o comandante não aprovava o aeroporto para pousar imediatamente. O trem de pouso deixou de ser o problema há muito tempo. Agora o perigo era outro: uma provável pane seca.

E foi exatamente isso que aconteceu. O nível de combustível estava tão baixo que o quarto motor pegou fogo.

Incrédulo e sem senso de percepção o comandante pergunta: "Por quê?".

Alguns minutos depois, sem tempo para mais nada, o avião pousa forçado no meio de uma área arborizada colidindo com uma árvore, atravessando uma casa e parando em cima de outra, do outro lado da rua. Oito passageiros e dois tripulantes morreram, entre eles o engenheiro de voo Mendenhall.

E o mais surpreendente: o trem de pouso esteve o tempo todo no lugar certo.

A investigação desse acidente concluiu que a tripulação perdeu a noção do tempo. Ao se concentrarem em uma coisa, perderam a percepção e a consciência de outras tão ou mais importantes. Na aviação, esse comportamento é chamado de perda da consciência situacional.

Enquanto a tripulação estava focada em resolver o problema do trem de pouso (que na investigação foi constatado ser uma pane de indicação, ou seja, na lâmpada), não percebeu, apesar dos avisos dos sistemas de segurança, que o avião estava ficando sem combustível.

Exatamente o que aconteceu no caso da cirurgia, quando os médicos ficaram obcecados no problema do acesso à via aérea pela boca da paciente.

A obsessão pela pane fez ambos perderem a noção de tempo. Assim como o comandante McBroom perdeu a percepção do tempo com relação ao combustível, aquele médico da cirurgia de rotina perdeu a percepção de tempo em relação à falta de oxigênio.

O comandante informou na investigação que: "as reservas de combustível tinham se esvaziado com incrível rapidez". Claro que o vazamento não estava no tanque, mas na percepção de tempo dele. Assim como os médicos que pensaram que a paciente morreu rápido demais.

Uma investigação do acidente permitiu identificar o erro de percepção do piloto, mas e no hospital? Como ninguém investiga, como irão perceber que o erro existe? Quando não se questiona um erro, muitas vezes não se sabe que ele foi cometido.

Mas enquanto os médicos consideram o erro um caso isolado, na aviação se aprende com as falhas.

É para isso que existe a caixa-preta, para registrar tudo o que acontece na cabine, diálogos e parâmetros de voo, possibilitando aos investigadores entenderem exatamente o que aconteceu no acidente.

## PARTE V - PROCEDIMENTOS DE EMERGÊNCIA

O erro é rico em informações e aprendizados.

Concluída a investigação, todos os setores de aviação do mundo inteiro têm acesso ao relatório final e recebem recomendações de segurança.

O mundo inteiro aprende com o erro e dificilmente o acidente irá se repetir pelo mesmo fato porque existirão treinamentos, mudanças nos procedimentos para que os futuros erros sejam evitados.

A aviação não ignora a falha, ela encara a falha e a leva muito a sério. E os envolvidos não têm problema em reconhecer o erro, porque sabem que essa atitude salva vidas.

Quantos de nós temos problema em reconhecer que erramos? Justificamos nossas falhas como um fato isolado, algo que "acontece". Ao fazermos isso, nos privamos do direito de abrir a caixa-preta e investigar o erro para evitar outros futuros e melhorar sempre.

## Mantenha o avião voando

> *"Velocidade 90 nós, Trem em cima, Flap em cima, manete à frente, troca o tanque, liga a booster."*
> **Falha do motor em voo**
> **Manual de Verificações T-25**

A primeira pane que eu aprendi foi a falha no motor em voo, inclusive aprendi essa pane em forma de música, o que me ajudou a decorá-la.

Pode parecer estranho que o primeiro item da lista seja manter a velocidade em 90 nós e não trocar logo o tanque, já que uma falha no motor pode ter ocorrido por falta de combustível e a troca do tanque poderia sanar a pane.

Sabe o que isso significa? Que, em caso de pane, qualquer que seja o tipo e a gravidade, o primeiro e mais importante passo sempre será manter o avião voando. Assim, controlar a velocidade em "90 nós" era sim o item mais importante desse procedimento.

Durante o curso de prevenção e investigação de acidentes aeronáuticos, eu estudei muitos acidentes aéreos que ocorreram por falta dessa simples atitude. Alguns casos tratavam-se de pane apenas no instrumento de indicação e não um problema real (como o ocorrido no voo *United Airlines* 173). Mas o piloto ficava tão focado no possível erro que esquecia do mais importante: manter o avião voando.

Outro acidente semelhante ocorreu com o voo *Eastern Airlines 401*, uma pane de indicação no trem de pouso fez os pilotos perderem a consciência situacional.

Ao baixar o trem de pouso antes de pousar em Miami, uma das luzes que indicam o trem de pouso baixado e travado não acendeu, o que gerou dúvida na tripulação se o trem estava ou não no lugar (exatamente o que aconteceu com o *United Airlines* 173). A diferença é que não deu tempo de voar até o combustível acabar. O avião se acidentou antes disso.

Enquanto a tripulação focava em resolver o problema do trem de pouso, que, na verdade, era apenas pane na luz de indicação, não percebeu, apesar dos avisos dos sistemas de segurança, que o avião perdia altitude, até colidir com uma região pantanosa no sul da Flórida, chamada Everglades.

Esse evento é conhecido como CFIT (*Controlled Flight Into Terrain*) ou colisão com o solo em voo controlado, que "é um termo aeronáutico que descreve um acidente onde a aeronave apesar de estar sob o controle do piloto e reunir as condições para realizar com segurança a navegação aérea, colide inadvertidamente contra o solo ou um obstáculo".

O principal causador desse tipo de acidente é o fator humano (que responde por mais de 80% dos casos), que se dá pela perda da consciência situacional da tripulação.

Por estarem focados demais numa única coisa (uma determinada pane) perdem a capacidade de perceber o que está de fato acontecendo com relação à altitude e velocidade principalmente. O piloto "esqueceu de voar a aeronave" como vemos nos cursos de segurança de voo.

Por isso, independentemente do que estiver acontecendo, mantenha seu avião voando. Não deixe a pane roubar sua consciência situacional.

Pode ser que, no seu painel, alguma luz tenha acendido, indicando uma pane em alguma área da sua vida. Mas lembre-se de manter seu avião voando.

Manter o avião voando é focar no que você pode controlar: sua atitude. Controle a sua atitude e você vai controlar a velocidade do seu avião.

Desapegue daquilo que você não pode controlar e mantenha os 90 nós.

Manter o avião voando é cuidar do mais importante, é não esquecer do principal. O que é manter o avião voando para você?

## Gerencie os recursos da cabine

Assim como o engenheiro Mendenhall advertiu o comandante do voo *United Airlines* 173, sem sucesso, a enfermeira Jane também alertou o Dr. Anderton, sem sucesso.

A hierarquia das duas situações interferiu para a assertividade da comunicação.

Esse relacionamento entre os tripulantes na cabine é chamado na aviação de CRM - *Crew Resource Management* (Gerenciamento de Recursos da cabine).

O CRM é "um sistema de gerenciamento que faz o melhor uso de todos os recursos disponíveis (equipamentos, procedimentos e pessoas) para promover a segurança e melhorar a eficiência das operações de voo."

"uma perfeita integração entre os tripulantes aumenta dramaticamente a eficiência e segurança das operações. Uma tripulação que trabalha como um time, na qual a hierarquia serve para apenas fins práticos, e não para autoritarismo e intimidação, é infinitamente mais preparada para lidar com emergências. Ou até para evitar que ações ou procedimentos incorretos de um dos tripulantes, que colocariam a aeronave numa situação potencialmente perigosa, catastrófica, seja evitada."

Ele abrange uma ampla gama de conhecimentos, habilidades e atitudes, incluindo comunicação, consciência situacional, resolução de problemas, tomada de decisão e trabalho em equipe. O CRM está preocupado com as habilidades cognitivas e interpessoais para gerenciar o voo. As habilidades cognitivas são definidas como o processo mental usado para ganhar e manter a consciência situacional para resolver problemas e tomar decisões.

O acidente do voo *United Airlines 173* foi um divisor de águas na aviação, pois foi a partir dele que se enfatizou o Gerenciamento de Recursos de Cabine - CRM.

Hoje em dia, todos os tripulantes passam por treinamentos de CRM periodicamente, pois é vital uma comunicação assertiva na cabine, bem como a participação de todos sem preocupação nem inibição pela hierarquia, que causava muitas falhas de comunicação.

Comandantes antes considerados os maiorais, foram treinados a ouvir, esclarecer ambiguidades e abrir um canal de comunicação seguro e eficaz.

## PARTE V - PROCEDIMENTOS DE EMERGÊNCIA

Uma comunicação assertiva salva vidas. Saber se comunicar é a diferença entre pegar uma pane e o acidente.

E ao contrário do que muitos pensam, a boa comunicação não é só o emissor falar, mas sim conferir que o receptor recebeu a mensagem adequadamente, ou seja, conferir, verificar, colher *Feedback*.

Se nós também treinássemos CRM no trabalho, em casa, nas relações cotidianas, teríamos uma comunicação mais assertiva e evitaríamos muitos acidentes em nosso percurso.

Quantos desentendimentos surgem por falta de um gerenciamento de recursos, por falhas de comunicação.

Sempre que surgir uma situação desafiadora, faça uso do CRM. Lembre-se de que as pessoas são o maior recurso da sua cabine. Por isso, converse, ouça ativamente, busque trabalhar em equipe, peça sugestões, pergunte o que o outro entendeu. Coloque sempre o foco em resolver o problema e não em ter razão. Quando deixamos o EGO falar mais alto, perdemos a consciência situacional. Busque resolver os problemas, utilizando um bom gerenciamento dos recursos da sua cabine.

## Quando seus planos são frustrados

Um dos episódios mais marcantes da minha experiência como piloto em Belém foi quando fui escalada para participar da CRUZEX IV (Exercício Cruzeiro do Sul) na cidade de Natal - RN. A CRUZEX é um Exercício Operacional multinacional que promove um treinamento conjunto de cenários de conflito entre os países participantes. O objetivo é treinar para responder a uma crise ou se integrar nas operações de manutenção da paz das Nações Unidas como uma equipe unificada.

Os exercícios incluem busca e salvamento de combate, reabastecimento aéreo, ações de unidades de Operações Especiais e oportunidades combinadas de treinamento de centros de operações aéreas focadas na interoperabilidade.

Eu fiquei muito animada em participar dessa missão, já estava fazendo vários planos e contei, toda empolgada, a novidade para minha família. Essa seria a minha primeira missão num exercício dessa magnitude.

No entanto, algumas semanas antes do evento ocorrer, fui comunicada pelo setor de operações do Esquadrão que eu não iria mais nessa missão e que mandariam outro piloto no meu lugar.

A escala dos pilotos é coordenada pelo setor de operações e segue uma série de critérios, como necessidades operacionais do Esquadrão, necessidade da missão, horas de voo dos pilotos, ordem de prioridade, enfim. Mas naquele momento eu nem queria saber qual foi o motivo de ter ocorrido essa troca, só fiquei indignada por ter meus planos frustrados. Confesso que reclamei bastante sobre mais essa injustiça que estava acontecendo comigo (a vítima como sempre).

Acontece que nesse mesmo instante eu recebia o maior livramento da minha vida.

No dia 14 de novembro de 2008, eu estava de serviço de Oficial-de-dia à Base Aérea de Belém e, por volta das 17 horas, o telefone do Esquadrão tocou. Do outro lado da linha, um dos tripulantes do FAB 8532 comunicava um terrível acidente que acabara de acontecer com eles.

Eu fui uma das primeiras pessoas a saber do acidente e, como oficial-de-dia, acionei a equipe do Alerta-SAR, que é a equipe de prontidão do Esquadrão.

## PARTE V – PROCEDIMENTOS DE EMERGÊNCIA

A princípio ainda não sabíamos a gravidade da situação e estávamos otimistas, já que um dos tripulantes estava bem e até conseguiu ligar para o Esquadrão.

Porém, mais tarde, soubemos o que de fato ocorrera.

O helicóptero decolou da Base Aérea de Natal com destino a Fortaleza e sofreu uma pane de autorrotação durante o voo, vindo a colidir com o solo e se incendiando logo após a queda.

O tripulante que saiu ileso foi o Sargento Marinho, que conseguiu saltar do helicóptero momentos antes da colisão. Porém os outros não tiveram a mesma sorte. Três militares faleceram no local, incluindo os dois pilotos. Dois tripulantes foram internados com queimaduras e fraturas graves, sendo que um deles estava com 50% do corpo queimado e não resistiu aos ferimentos, falecendo dias depois.

Eu fiquei muito abalada com essa notícia. Eu estaria nesse voo. Eu seria um dos pilotos. Eu não teria chance. Quando eu me dei conta do livramento que eu tinha recebido, só consegui agradecer a Deus.

Um dos pilotos, o Tenente Nogueira, era um grande amigo de turma, eu gostava muito dele e foi uma grande perda para mim. Eu e alguns amigos fomos ao velório dele na sua cidade natal, Teresina. Foi muito triste entrar na casa dele e olhar nos olhos dos seus familiares. Sua mãe olhava para nós e dizia: "Por que não é ele que está entrando nessa sala?".

Eu não tenho essa resposta.

Desde então, aprendi a não reclamar quando as coisas não saírem do meu jeito, porque não sei como a história termina.

Quando Deus não lhe der aquilo que você pediu, não reclame, entregue e aceite. Talvez o não de Deus seja um livramento na sua vida.

## Um bom final

Comandante Garcez: "Senhoras e Senhores, é o comandante quem vos fala. Tivemos uma pane de desorientação dos nossos sistemas de bússola. Estamos com o nosso combustível já no final, ainda com 15 minutos. Pedimos a todos que mantenham a calma porque uma situação como essa é difícil de acontecer. Deixamos a todos com a esperança de que isso não passe de apenas um susto para todos nós. Pela atenção, muito obrigado e que todos tenham um bom final."

Piloto em terra: "Ô Garcez, você não conseguiu ir pra Belém por quê?"

Comandante Garcez: "Não, é que eu não tinha a indicação de Belém. A bússola 'tava' com outra proa e a gente foi... Ficou andando entre Belém e Marabá e não conseguiu chegar a lugar nenhum agora tá indo para Marabá e não tem mais combustível pra ir pra lugar nenhum, entendeu?... Oh, o motor 1 acabou de parar (Som do alarme da cabine)... A gente vai ter que descer agora... Eu não vou poder falar que a gente vai se preparar para o pouso, ok? Atenção tripulação, preparar para o pouso forçado".

Um dos acidentes aéreos mais famosos no Brasil foi o ocorrido com o Varig 254. É inacreditável que um Boeing 737 tenha permanecido por mais de três horas voando perfeitamente e se comunicando o tempo todo sem conseguir encontrar um aeroporto para pousar.

Após horas voando, o avião ficou sem combustível e precisou fazer um pouso forçado à noite no meio da floresta amazônica. Das 54 pessoas a bordo, 12 passageiros morreram em decorrência da queda e 17 ficaram gravemente feridos.

Uma única vírgula levou o comandante a errar a proa do voo, porém o mais chocante foi a sequência de erros que levaram a esse acidente.

## PARTE V - PROCEDIMENTOS DE EMERGÊNCIA

A Varig tinha acabado de mudar o *layout* dos planos de voo da empresa. Até pouco tempo, os planos de voo continham três dígitos para a proa do voo (que é o óbvio, já que o rumo magnético tem até 3 dígitos - 000 a 359). Com os novos planos computadorizados, esse campo passou a contar com uma casa decimal a mais, passando a ter quatro dígitos ao todo. Com isso, houve uma confusão na hora de selecionar a proa no instrumento do avião (que continuava com o espaço para 3 dígitos).

A proa correta de Marabá para Belém é 027, mas no plano de voo estava com um zero a mais à direita, ou seja: 0270 e o comandante do voo interpretou o número como sendo 270, esquecendo que o último zero era uma casa decimal e selecionou esse número no seu instrumento.

Esse erro é totalmente compreensível porque todos nós aprendemos que o zero à esquerda não tem valor, dessa forma, olhando esse número, é fácil cair no erro de interpretá-lo como 270. Inclusive, o copiloto Zille também leu o plano de voo e selecionou a proa 270 no seu instrumento (existem dois desses, um para cada piloto). Ou seja, o copiloto também interpretou da mesma forma que o comandante. E ao fazer o cheque cruzado ele confirmou a mesma proa no instrumento do comandante Garcês.

Apesar de ter sido o erro que deu início a toda confusão, esse foi o menor dos erros. Os demais erros que se seguiram a partir dali foram algo quase inacreditável.

O voo, que deveria durar não mais do que uma hora, acabou durando mais de três horas, terminando por falta de combustível em um pouso forçado numa zona de mata ao norte de São José do Xingu (MT).

Este acidente foi tão marcante, que depois dele foram implementadas novas regras para o funcionamento de radares na aviação brasileira, além de mudanças nos protocolos do controle aéreo e até alterações na fabricação dos aviões e seus sistemas.

O sistema de navegação na época era rudimentar, não existia GPS, você precisava de sinais de rádio para poder direcionar seu avião.

Os instrumentos que orientavam a navegação rádio eram o VOR e o ADF. Esses instrumentos guiavam o avião até o destino, emitindo ondas de rádio.

O copiloto selecionou o VOR de Belém, mas este não entrou. Isso não é tanto problema, porque no Norte é comum ocorrer alguma interferência. Então eles não ficaram preocupados.

Após o tempo previsto de voo para iniciar a descida, é normal os pilotos realizarem a leitura dos itens da *checklist* e cotejarem um para o outro cada procedimento, porém o comandante ignorou essa etapa e disse que estava tudo checado.

Se eles tivessem feito esse *check* perceberiam pela carta de Belém que a proa selecionada estava incorreta.

Quando o copiloto tentou chamar Belém pelo rádio VHF não conseguiu resposta. Já na frequência de Belém em HF ele estava conseguindo falar, porque é uma onda que abrange longas distâncias.

A frequência VHF possui um alcance de 150 a 200 km e como eles já estavam mais distantes que isso de Belém não conseguiram contato em VHF. Já a frequência HF é uma onda mais longa, que rebate na ionosfera e consegue dar a volta no planeta, pegando assim uma distância bem maior que a do VHF e por isso eles conseguiram falar em HF com Belém. No entanto, esse fato não foi interpretado corretamente, até porque eles não faziam ideia do que estava acontecendo até então.

## PARTE V - PROCEDIMENTOS DE EMERGÊNCIA

Para infelicidade dessa cadeia de eventos, acontecia nesse momento um jogo do Brasil na Copa do Mundo e quando o piloto cantou a proa que estava mantendo para o controle (o que é um procedimento de fraseologia padrão), ninguém percebeu que era impossível sair de Marabá com destino a Belém pela proa 270.

Nesse tempo, o copiloto começou a perceber que tinha algo estranho naquele voo, ele nota que o rio da carta não batia com o rio que eles estavam passando e pediu 3 vezes para voltarem para Marabá, mas o comandante disse que não.

Diversas vezes, os órgãos de controle perguntavam se eles estavam com algum problema técnico com a aeronave, mas o comandante respondia apenas com um "aguarde".

Tentaram também sintonizar a rádio Marabá, que era o aeroporto alternativo, mas a frequência de Marabá também não entrava (por estarem muito longe).

Sintonizaram então os *broadcasts* de Belém (estações de rádio difusoras, as mesmas que ouvimos músicas) e o instrumento apontou justamente para o lado que o comandante achava que era. Nesse momento, o copiloto ficou tranquilo e até se sentiu mal por questionar o comandante.

Mas esse procedimento de se orientar pelos *broadcasts* tinha um detalhe. Eles precisavam ter certeza do local para o qual estavam indo escutando o indicativo da rádio. É por isso que as rádios difusoras são obrigadas por lei a de 10 em 10 minutos falarem a localidade para que os pilotos tenham certeza de que estão indo. Mas por estarem transmitindo o jogo do Brasil, a rádio não falou a localidade naquela hora.

Apesar de não terem verificado se a rádio difusora que eles sintonizaram era mesmo Belém, eles acreditaram ser e confiaram numa indicação totalmente errada.

Ao mesmo tempo, como uma conversa cega, falavam normalmente com o controle de Belém, que pela ausência de radar, só restava acreditar que eles estavam onde achavam que estavam e, então, autoriza sua descida.

## É preciso reconhecer que está perdido

Não avistando as luzes da cidade, o copiloto pergunta: "Comandante, cadê Belém? Belém é uma cidade grande." O comandante responde apenas que ele deve ficar monitorando os rádios.

Nesse momento, o copiloto Zille, sentindo-se inútil no voo, pega a carta de descida para guardar e percebe que a proa de entrada era 027. Acabando de entender o que aconteceu, ele mostra o erro para o comandante, mas recebe como resposta um sinal do indicador na boca para ficar calado, apontando para o local onde fica o gravador de voz da aeronave.

Ou seja, em algum momento o comandante Garcês percebeu que havia cometido um erro, mas não disse nada, e, por não querer admitir que errou, não conseguiu corrigir a tempo.

O mais inusitado é que até mesmo alguns passageiros desse voo perceberam que a proa do avião não estava correta. Um homem que fazia esse percurso com frequência notou que o rio não estava à direita como deveria estar nesse trecho. Uma mulher levava uma bússola consigo, pois tinha o hábito de rezar em direção aos 4 pontos cardeais. Ao perceber que o avião voava num sentido diferente, ela tentou alertar, mas ninguém lhe deu ouvidos.

**PARA SER ENCONTRADO, VOCÊ DEVE ADMITIR QUE ESTÁ PERDIDO.**

## Quando você não reconhece o erro, não corrige

O erro da proa não foi o mais grave, até porque outros 14 pilotos cometeram o mesmo erro que eles antes disso. Era um erro que foi induzido pelos 4 algarismos do plano de voo.

O erro maior foi não reconhecer que errou.

Numa entrevista, o copiloto Zille comenta que um dos maiores problemas foram a prepotência e arrogância de Garcês. A pessoa arrogante não aceita que ela pode estar errada. A pequena suposição de que ela pode estar errada é uma afronta a ela mesma, tamanha a superioridade que ela tem. A falta de humildade em reconhecer que errou contribuiu muito para esse acidente. Quando você reconhece o erro, você abre a porta do acerto, liga os alertas e diz: "estamos errados, vamos voltar".

Como ele não fez isso, ele estava certo na concepção dele, ele tinha que pousar em algum lugar. Em nenhum momento ele pediu a opinião do copiloto.

O não reconhecimento do erro fez com que o resgate levasse mais tempo que o necessário, porque a equipe de resgate pensava que o avião estava em Carajás. Só o fato de não ter dito onde estavam, atrasou em 3 dias o resgate. Bastava ter falado a verdade: "estou perdido".

Um mês depois do acidente, o Centro de Investigação e Prevenção de Acidentes da Aeronáutica, CENIPA, recomendou a Varig usar apenas 3 dígitos no campo de curso magnético de seus planos de voo, reconhecendo que os 4 algarismos, 0270, foram, tanto quanto a negligência de Garcez, responsáveis pela tragédia do voo 254.

Em entrevista ao jornal O Globo, em 10 de setembro de 1989, o comandante Garcês revelou que duas semanas antes havia se envolvido em um pequeno acidente, em Paramaribo, no Suriname.

Naquela ocasião, de acordo com suas palavras, à noite, no pátio dentro da área de manobra, a ponta da asa da aeronave que conduzia raspou uma escada que seria utilizada pelos ocupantes de uma outra aeronave que estava pousando.

Afirmou também que, em consequência das pressões que a Varig vinha exercendo sobre os pilotos, ficou receoso quanto à possibilidade de a companhia vir a demiti-lo caso revelasse novo problema, dessa vez, o de um avião perdido entre Marabá e Belém.

Teria sido esta a razão pela qual havia tentado a todo o custo resolver o problema sozinho. Porém, o que ele não sabia é que vários eventos, os quais individualmente poderiam ser considerados insignificantes, se combinariam de tal maneira que ele e seu copiloto, sem alternativa, acabariam sendo obrigados a pousar sobre as copas das imensas árvores amazônicas.

Esse acidente nos ensina que precisamos ter humildade em assumir que estamos errados e pedir ajuda. Todos erramos, mas muitas pessoas não gostam de assumir seus erros, assim como o Comandante Garcês.

Nós vamos errar, isso é certo. O objetivo correto deve ser não errar mais nas mesmas coisas. Erre em coisas novas. Errar nas mesmas coisas é insistir naquilo que você já sabe que não dá certo ou que não está certo.

Em ambientes onde é seguro errar, as pessoas se reinventam e crescem.

## O recurso mais valioso da sua cabine

No terceiro ano da formação de cadetes, minha turma fez um treinamento no Instituto de Medicina Aeroespacial, que consistia em algumas simulações de situações adversas, como a hipóxia (baixa concentração de Oxigênio) e a desorientação espacial.

No treinamento de hipóxia, nós entramos numa câmara hipobárica com a finalidade de identificarmos os primeiros sinais de hipóxia no nosso corpo para que numa situação real, possamos rapidamente sair dela.

Inicialmente, cada cadete estava com uma máscara com o oxigênio a 100% e, aos poucos, a concentração de oxigênio ia baixando. Recebemos um papel e uma caneta e fomos orientados a escrever uma sequência de números em ordem decrescente começando pelo número 100. Um dos sinais de hipóxia é a falha no raciocínio lógico e, por isso, nos avisaram que começaríamos a escrever errado quando a hipóxia estivesse chegando. Ao sentir os sinais dela, como formigamento, a orientação era comandar a alavanca de oxigênio em 100% imediatamente.

Algumas pessoas demoravam um pouco mais a comandar e chegavam a desmaiar. Eu comandei bem rápido assim que percebi o formigamento. Foi interessante sentir os sinais da hipóxia e perceber que o oxigênio é o recurso mais importante dentro da cabine. Sem ele, em poucos segundos nós apagamos e nada podemos fazer.

Identificar os sinais de hipóxia poderia ter mudado a história do voo fantasma.

## Voo fantasma

Quem voa muito de avião comercial já está cansado de ouvir as palavras: "Em caso de despressurização da cabine, máscaras cairão automaticamente à sua frente. Coloque primeiro a sua e só então auxilie quem estiver ao seu lado". Mas você já parou para pensar o que acontece se o piloto não colocar a máscara nele primeiro?

## PARTE V - PROCEDIMENTOS DE EMERGÊNCIA

O resultado é um avião desgovernado como foi o caso conhecido como voo fantasma.

No dia 14 de agosto de 2005, um avião da companhia aérea Helios voou por cerca de três horas nos arredores de Atenas (Grécia) sem ninguém nos comandos, até ficar sem combustível e cair. Todos os 121 ocupantes da aeronave morreram. As investigações mostraram que a falta de pressurização da cabine fez com que pilotos e passageiros perdessem a consciência por hipóxia (falta de oxigênio). O piloto automático do Boeing 737-300 comandou a aeronave à espera de novas ordens dos pilotos até acabar o combustível.

Os problemas do voo 522 da companhia aérea Helios, do Chipre, começaram ainda em solo. Em uma rotina de manutenção no aeroporto de Lanarca (Chipre), os mecânicos fizeram diversos testes para checar o sistema de pressurização do avião. Para realizar esse serviço, precisaram alterar no painel do avião o sistema para o modo manual. Após o fim do trabalho, seria necessário retornar ao modo automático. Dessa forma, o avião seria pressurizado automaticamente à medida que ganhasse altitude após a decolagem. No modo manual, os pilotos teriam de comandar a pressurização do avião, algo fora dos padrões de voo. Apesar do erro dos mecânicos, a falha ainda poderia ter sido corrigida pelos próprios pilotos antes e até mesmo depois da decolagem. O botão que indica se o sistema está em manual ou automático deve ser checado durante o procedimento pré-voo, após a partida dos motores e após a decolagem. Durante essas verificações, nenhum dos pilotos percebeu a configuração incorreta.

Durante o voo, conforme o avião ganha altitude, o ar fica cada vez mais rarefeito, com menos oxigênio. Com a pressurização, o ar da cabine se mantém equivalente a uma altitude de

8.000 pés (2.438 metros), uma condição segura para o corpo humano. Em altitudes mais elevadas, a falta de oxigênio dificulta a respiração e diminui o raciocínio do ser humano. Com a diminuição da pressão do ar dentro do avião, um alarme sonoro chegou a soar dentro da cabine de comando. Os pilotos, porém, não conseguiram identificar o problema e chegaram a reportar uma falha no sistema de ar-condicionado. Pelo rádio, os pilotos até conseguiram contato com o mecânico que fizera a manutenção antes do voo. Ao ouvir o problema, ele pergunta se o botão do sistema de pressurização está em "auto". Provavelmente, já sofrendo com os efeitos da hipóxia, o comandante não entende a pergunta do mecânico, se levanta para desligar o alarme, mas não retorna ao seu assento mais.

Se o problema fosse identificado a tempo, bastava girar um botão para que a pressurização fosse acionada. No entanto, o Boeing 737 continuava ganhando altitude sem ser pressurizado e os pilotos sem nunca terem colocado as máscaras de oxigênio ficaram incapacitados pela hipóxia.

Quando a altitude de cabine atingiu 14 mil pés, as máscaras dos passageiros caíram automaticamente, porém como os pilotos já estavam desmaiados, o avião continuou seguindo a programação original do piloto automático e nada foi feito para comandar a descida do avião, que continuou subindo cada vez mais. E assim, os 15 minutos de duração do oxigênio das máscaras, que são mais que suficiente para uma descida de emergência, acabaram. Dessa forma, os passageiros foram perdendo a consciência lentamente.

Apenas 13 minutos após a decolagem, os órgãos de controle de tráfego aéreo perderam contato com os pilotos do Boeing 737, mas o avião continuava ganhando altitude até chegar a 34 mil pés (10,4 mil metros). O Helios 522 seguiu em voo de cruzeiro até Atenas, o destino do voo.

## PARTE V - PROCEDIMENTOS DE EMERGÊNCIA

Meia hora após a decolagem, o avião entrou no espaço aéreo de Atenas, mas sem fazer nenhum contato com os órgãos de tráfego aéreo. Já nos arredores da capital grega, o Boeing 737 começa a voar em círculo, cumprindo um padrão de espera em voo. Sem conseguir contato de rádio com os pilotos, dois caças F-16 decolam para verificar de perto o que se passa com o avião da Helios. Até então havia o temor de que se tratasse de um possível sequestro do avião para um ataque terrorista.

Ao se aproximarem do Boeing 737, os pilotos dos dois F-16 avisaram que os passageiros estavam com suas máscaras de oxigênio, que o copiloto estava desmaiado sobre os comandos e que o assento do comandante estava vazio. A surpresa maior veio quando o comissário Andreas Prodromou entrou na cabine dos pilotos e chegou a acenar para os pilotos dos F-16. Ele foi o único a se manter consciente durante o voo ao utilizar tubos extras de oxigênio. O mais incrível era que Andreas tinha licença de piloto comercial, mas como não possuía nenhuma familiaridade com os comandos do Boeing 737, não foi capaz de intervir no curso dos acontecimentos. Ele chega a chamar por socorro pelo rádio, mas como a estação sintonizada era do Chipre ninguém ouviu. Somente pelas gravações da caixa-preta foi possível identificar seu esforço e sua identidade.

Depois de voar em círculo por mais de duas horas, o motor esquerdo apaga por falta de combustível. Dez minutos depois, é a vez do motor direito parar de funcionar. O avião inicia uma descida fatal até se chocar nas montanhas da cidade de Maratona, a cerca de 40 quilômetros de Atenas. Ninguém sobrevive.

## Para voar alto você vai precisar RESPIRAR

Durante os anos de formação na AFA, eu participei de alguns treinamentos militares, como o curso de sobrevivência na selva e a sobrevivência no mar.

No treinamento de sobrevivência na selva, nós ficávamos 5 dias no meio do mato tendo que fazer tudo para sobreviver, desde criar nosso próprio acampamento com os recursos disponíveis na natureza até comer a própria caça. E tudo era avaliado, o acampamento tinha que ser bem-feito, não podia ser qualquer coisa não.

A fome era tanta que nós sonhávamos com o dia que sairíamos de lá para atacar a primeira churrascaria que encontrássemos no caminho. Foram 5 dias sem comer. Saímos de lá um palito e sem forças, mas sobrevivemos. Afinal, uma pessoa sobrevive cerca de 30 dias sem comida.

Na sobrevivência no mar, a dificuldade foi lidar com a escassez de água. Passamos 2 dias em um bote salva-vidas com apenas 1 pacote de jujubas por pessoa e alguns sachês com um pouco de água para dividir para todos do grupo.

A falta de água é ainda mais crítica, pois o nosso corpo precisa se manter hidratado, porque a água transporta as substâncias no nosso corpo, tanto para nos alimentar quanto para eliminar resíduos pela urina.

Ao contrário da comida, que o corpo possui uma reserva e consegue se abastecer dela em caso de falta de alimento, o corpo não possui muita reserva de água precisando repô-la com frequência. Em média, uma pessoa sobrevive até 3 dias sem ingerir água.

Já sem ar, uma pessoa boa de apneia não passa de 3 minutos.

É só você lembrar da última vez que tomou um caldo no mar e o tempo que ficou embaixo d'água pareceu uma eternidade. É angustiante, não é?

## PARTE V - PROCEDIMENTOS DE EMERGÊNCIA

Eu de vez em quando passo por isso no surf, quando vem uma série muito forte e uma onda atrás da outra me obriga a ficar embaixo d'água por mais tempo do que eu gostaria.

Em outro treinamento, vivi a falta de ar na prática. O Simulador de Escape de Aeronaves Submersas - UTEPAS, um treinamento para sair do helicóptero em caso de pouso na água, situação em que ele se enche de água rapidamente e os tripulantes precisam encontrar a saída bem rápido antes que ele afunde.

O treinamento é realizado na Base Aérea Naval de São Pedro da Aldeia, onde eles possuem uma carcaça que simula a cabine de um helicóptero que é submersa numa piscina.

Imagina a situação de estar amarrado à cadeira pelo cinto de segurança, em um helicóptero girando enquanto entra numa piscina, se enchendo d'água lentamente até ficar totalmente submerso e você precisar aguardar ele estabilizar para então você poder começar a soltar o cinto e sair. Haja fôlego!

É preciso ter o sangue frio nessa hora e não se desesperar. O treino é feito repetidas vezes, para você experimentar sair de todas as posições da aeronave. Algumas são mais fáceis de sair, outras são mais difíceis, pois estão mais longe da porta e é preciso percorrer um trajeto maior. Mas nada se compara a última.

Para ficar mais emocionante, a última passagem é feita com os olhos vendados, afinal nem toda água tem a transparência de Fernando de Noronha, né? As chances de cair numa água barrenta de rio para quem voa na Amazônia é muito maior. E assim, eles simulam uma situação mais perto da realidade, onde você não vai enxergar embaixo d'água, mas precisa conseguir encontrar a saída.

Aprendi na prática que eu consigo ficar sem comer e beber por dias, mas sem respirar não passo de alguns minutos.

Se podemos ficar 30 dias sem comer, 3 dias sem beber água e 3 minutos sem ar, é fácil perceber qual é o nosso recurso mais importante: a vitamina AR.

E porque lembramos de comer, de beber, mas esquecemos de respirar?

## Nem sempre as máscaras de oxigênio caem automaticamente

> *"Estar cheio de vida é respirar profundamente, mover-se livremente e sentir com intensidade."*
> **Alexander Lowen**

Vimos no voo fantasma que o oxigênio é o recurso mais importante da sua cabine. Porém, na vida, as máscaras de oxigênio não caem automaticamente. Você precisa estar no comando para acioná-las.

A maioria das pessoas não sabe respirar corretamente, fazem uma respiração torácica, curta. Enquanto a capacidade dos nossos pulmões pode variar até 6 litros, a maioria das pessoas usa apenas meio litro. Em situações de estresse, como antes de uma apresentação importante, ou durante uma briga, essa porcentagem diminui ainda mais e algumas pessoas chegam a parar de respirar por alguns instantes.

O problema disso é que quando deixam de respirar, param de enviar oxigênio para o cérebro, como se estivessem iniciando um processo de hipóxia. Sem oxigênio, seu cérebro não reage bem, fala besteira, faz o que não deve ou então paralisa. É por isso que você precisa perceber seus sinais de hipóxia e ligar a pressurização da sua cabine.

## PARTE V - PROCEDIMENTOS DE EMERGÊNCIA

Os sinais de hipóxia são aqueles em que você está prestes a perder a cabeça, quando o sangue começa a ferver e você quer falar o que não deve. Nessa hora, você precisa acionar suas máscaras de oxigênio rapidamente. Sabe como? Pegando a dica da sua avó que dizia: respira fundo e conta até 10.

É tão simples que a gente nem bota fé. Mas realmente é só isso: respirar profunda e lentamente.

A sua respiração tem influência direta nas suas emoções e a velocidade com que você respira muda seu estado emocional quase que instantaneamente.

Quando você respira, você fornece mais oxigênio para o seu corpo e o oxigênio é um transporte que faz seu sangue circular. Quanto melhor for sua respiração e, principalmente, quanto mais você lembrar de fazer isso nos momentos de estresse e ansiedade, melhor pra você.

Quando dizemos "fulano perdeu a cabeça", o que aconteceu foi que ele ficou sem oxigênio e agiu sem raciocinar. Ele entrou em hipóxia. Muitas tragédias poderiam ter sido evitadas se a pessoa tivesse respirado segundos antes, pois ela teria oxigenado seu cérebro e raciocinado melhor.

A respiração correta ajuda a combater o estresse e a ansiedade, além de trazer outros benefícios como: estabilizar a pressão arterial, aumentar a imunidade, melhorar o rendimento em exercícios físicos, ativar as atividades cerebrais, melhorar a memória.

A respiração diafragmática, ou respiração profunda, é a respiração que é feita contraindo o diafragma, um músculo localizado horizontalmente entre a cavidade torácica e a cavidade abdominal. O ar entra nos pulmões, o peito não sobe e a barriga se expande durante esse tipo de respiração. Essa respiração é necessária porque expande o diafragma e leva o oxigênio até o abdômen, o corpo e o cérebro.

## Pare tudo e tome a vitamina AR

**Experimente fazer isso agora:**

1. Feche os olhos e se concentre em sua respiração;
2. Coloque a mão no abdômen próxima ao umbigo;
3. Inspire lentamente pelo nariz contando até quatro mentalmente, enchendo os pulmões e levando o ar até o abdômen. Perceba seu abdômen expandindo. Você pode imaginar que está enchendo uma bexiga que está dentro de sua barriga;
4. Expire lentamente pela boca contando até 8 esvaziando completamente o pulmão e o abdômen;
5. Nas próximas respirações, tente fazer uma pausa de 4 a 8 segundos após exalar completamente. Isso faz com que o dióxido de carbono residual dos pulmões seja eliminado e seus batimentos cardíacos diminuam.

Repita de cinco a dez vezes essa respiração. Pode ser que você sinta uma sensação diferente, mas não se preocupe. É a reação do seu cérebro sendo oxigenado e ele não poderia estar se sentindo melhor.

Coloque o celular para despertar de tempos em tempos para você lembrar de respirar.

## O maior acidente da aviação

A comunicação na Aviação segue uma atenta e precisa fraseologia. Porque quando se trata de vidas, não podem existir margens para dúvidas. Muitos acidentes de voo poderiam ter sido evitados se os envolvidos tivessem cuidado de ter uma fraseologia mais certeira.

## PARTE V - PROCEDIMENTOS DE EMERGÊNCIA

No dia 27 de março de 1977, o aeroporto de Los Rodeos, em Tenerife, nas Ilhas Canárias, tornava-se palco do acidente aéreo com maior número de vítimas fatais da história: 583, entre passageiros e tripulantes.

O episódio foi resultado da colisão entre dois Boeings 747, um da companhia holandesa KLM e outro da norte-americana Pan Am. De nevoeiro a falhas de comunicação, o desfecho trágico se deu após uma sucessão de erros e imprevistos.

Após um atentado à bomba atingir o destino inicial das aeronaves – Las Palmas, em Gran Canaria, os dois jumbos tiveram seus voos redirecionados para a vizinha Ilha Tenerife, cujo aeroporto era bem menor, contava com apenas uma pista e uma faixa lateral para aterrissar.

Não bastasse a mudança inesperada, o local, que também recebeu outros três aviões na tarde do acidente, ainda era mais propenso a nevoeiros do mar.

Quando as aeronaves foram liberadas para voltar a Las Palmas, o jumbo holandês da KLM, que estava estacionado à frente do norte-americano Pan Am, avisou à torre de controle que sairia primeiro.

A pressa, segundo transcrições das gravações do veículo, parecia ter justificativa: se não chegasse até 19 h ao aeroporto de origem, sua tripulação teria de trabalhar além do limite legal – o que poderia render um processo ao comandante holandês, o experiente Van Zanten.

O avião da Pan Am estava estacionado atrás do da KLM quando os pilotos receberam a ordem de recuar na pista e dar a volta para a decolagem.

Mas justamente quando os dois aviões estavam se movendo, o clima mudou completamente.

"A pista ficou cheia de névoa e a visibilidade foi reduzida a uns cem metros. Já não era possível ver o avião da

KLM", lembrou Bragg, copiloto sobrevivente do Pan Am.

As transcrições das gravações de ambos os aviões indicaram que houve confusão em suas cabines.

O avião da Pan Am recebeu a ordem de sair da pista para permitir a decolagem da KLM. Mas não ficou claro por onde a aeronave deveria sair, e por isso ela ainda estava na pista quando a da KLM começou a acelerar.

"Sabíamos que o avião vinha ao nosso encontro por causa das luzes de aterrissagem que estavam brilhando. A princípio, não ficamos assustados porque achávamos que eles sabiam que estávamos ali", contou Bragg.

Quando o copiloto da Pan Am viu claramente a KLM, o avião já estava a uns 60 metros de distância. "Estava vindo pela pista diretamente em direção a nós", lembrou.

Apesar dos fatores pressa para decolar e da péssima condição de visibilidade, nada foi mais grave neste acidente do que a falha de comunicação.

A seguir a transcrição das gravações entre os pilotos e a torre de comando:

Legendas utilizadas: Cap: Comandante. F/O: Primeiro oficial. F/E: Engenheiro de voo. Todos os horários são GMT.

> **17h02min50 - Controle:** KLM 4 805, quantas intersecções vocês já passaram?

A visibilidade prejudicava o julgamento e mesmo assim, o copiloto do 747 holandês respondeu, sem muita segurança:

> **17h02min56 - KLM 4 805 F/O:** Acredito que acabamos de passar pela quarta.

Um dos fatores contribuintes para o desastre era o péssimo

inglês do controlador de Tenerife. Durante todas as transmissões, ficaram registradas as dificuldades de entendimento na comunicação. Assim, a tripulação da Pan Am fora instruída para taxiar pela pista, seguindo o procedimento do 747 da KLM, mas livrando a pista na terceira saída pela esquerda e completando o percurso até a cabeceira 30 pela taxiway. O copiloto Bragg repetidamente perguntou ao controlador qual seria a saída correta.

> **17h03min36 - Controle:** Saia da pista na terceira intersecção, senhor. Um, dois, três, terceira saída.
> **17h03min39 - PA1736 F/O:** Ah, afirmativo, muito obrigado!
> **17h03min44 - Controle:** Clipper 1736, reporte livrando a pista.
> **17h03min48 - PA1736 F/O:** Reportará livrando, Clipper 1736.

Na cabine do jato da Pan Am, a atividade era intensa, com os últimos itens do *checklist* sendo verificados. A visibilidade havia piorado nitidamente, e já era inferior aos 500 metros, dificultando aos tripulantes a visão externa em meio ao denso nevoeiro, e impedindo ao controle de enxergar qualquer aeronave na pista. Perdido no nevoeiro, sem saber, o PA 1736 já havia ultrapassado a terceira intersecção e prosseguia taxiando pela pista de decolagem, ao mesmo tempo em que o Jumbo da KLM completava a curva de 180º na cabeceira oposta. Dentro da cabine de comando, a tripulação da KLM verificava os últimos detalhes antes de aplicar potência de decolagem.

> **KLM F/O:** Ligo os limpadores de para-brisa?

**KLM Cap:** As luzes de decolagem estão ligadas.
**KLM F/O:** Não, os limpadores de para-brisa?
**KLM Cap:** Ah!... Não, se precisar deles eu peço.
**KLM F/O:** *Checklist* completo.

Eram 17h05min28 quando o 747 da KLM parou na cabeceira 30. Como dois inimigos, os Boeing 747 encontravam-se frente a frente, no mesmo eixo da pista, sem, contudo, serem visíveis entre si: a distância que os separava era, naquele momento de 1,700 m, mas a visibilidade de apenas 500 m ou menos.

O Comandante Van Zanten imediatamente aplicou potência de decolagem, sem esperar pela autorização do controle. Seu erro foi percebido pelo primeiro oficial Klaus Meurs, que imediatamente o interpelou: "Nós não temos autorização ainda". O comandante chefe da KLM reconheceu seu engano e reduziu a potência dos motores dizendo: "Certo, eu sei, vamos lá, solicite". Meurs então chamou o controle:

**17h05min44 - KL 4805 F/O:** KLM4805 está pronto para a decolagem, aguardando as instruções de tráfego.
**17h05min53 - Controle:** KLM4805, autorizada decolagem, intercepte localizador Papa, subir e manter nível 090, curva à direita após decolagem, voe na proa zero quatro zero até interceptar radial 335 do VOR Las Palmas.

Observa-se que a resposta da Torre não foi padrão, porque ele já começa falando os procedimentos de subida em vez de apenas ater-se a dizer "aguarde". Em vez de responder claramente se a decolagem estava autorizada ou não, a resposta da torre foi que eles estavam livres para voar a rota especificada após a decolagem.

## PARTE V - PROCEDIMENTOS DE EMERGÊNCIA

O copiloto repetiu as instruções da torre e enquanto isso o comandante já começou a avançar os manetes para decolar.

Antes de ingressar na pista, os pilotos precisam receber autorização. Normalmente, o avião para no Ponto de Espera (na esquina da pista, antes de ingressar nela). No ponto de espera, o piloto solicita: "Alinhar e decolar" e a Torre responde: "autorizado a alinhar e manter" quando é só pra alinhar com a pista e permanecer aguardando, ou "autorizado a alinhar e decolar", por exemplo.

Antes mesmo de terminar as instruções, Van Zanten aplicou potência de decolagem, mantendo os freios dos 747 aplicados enquanto observava os parâmetros dos motores estabilizarem nas potências desejadas. Ao mesmo tempo, Meurs iniciava o *read back* ao controle, repetindo as instruções recebidas, um procedimento padrão para confirmar o entendimento das instruções.

O 747 começava a correr na pista e, apressadamente, Meurs repetiu as instruções corretamente, concluindo sua rádio transmissão ao controle com uma frase que, devido à qualidade de sua pronunciação, levantou dúvidas: *"We are now at take-off"* – o que pode significar tanto "Estamos agora em decolagem" como "Estamos em posição para decolar." Eram 17h06:11.

Mas isso não é uma fraseologia padrão, os pilotos são treinados a cotejar exatamente o que a torre diz. A autorização para decolagem precisa ser uma fraseologia muito clara, que não gere margem para dúvidas. Aliás, nada na aviação pode gerar dúvidas, é totalmente contra a segurança de voo.

Esta última frase de Meurs deixou o controlador e a tripulação do 747 da Pan Am alarmados. Por uma trágica coincidência, ambos entraram na fonia ao mesmo tempo, as mensagens embaralhando-se nos fones de ouvido e impedindo a compreensão clara entre o controle e os dois 747, que agora sim, entravam em rota de colisão. Falaram ao mesmo tempo:

**17h06min18 - Controle:** Ok...
**17h06min18 - PA1736 F/O:** Controle! Estamos ainda taxiando pela pista, este é o Clipper 1736.
**17h06min18 - Controle:** (finalizando sua transmissão para o 747 da KLM) ...aguarde autorização para decolagem, chamarei quando autorizado.

Estas duas transmissões simultâneas não foram ouvidas: apenas um alto e estridente ruído ocupou as ondas de rádio. Ou seja, quando o Pan Am falou que ainda não tinha livrado a pista foi quando a torre falou para o KLM aguardar na posição. A única coisa que o KLM ouviu foi ok. Isso acontece porque os rádios de comunicação dos aviões são de comunicação unilateral, quando você aperta o botão pra falar, a outra pessoa só consegue falar depois que você solta o botão. Só um fala por vez.

A última chance de evitar a tragédia havia desaparecido. Preocupado, o controlador espanhol chamou mais uma vez o voo da Pan Am:

**17h06min20 - Controle:** PA1736, reporte livrando a pista.

Na cabine do jato da KLM, o engenheiro de voo percebeu o potencial conflito e, alarmado, interpelou os dois pilotos:

**KLM F/E:** Ele ainda não liberou a pista?
**KLM Cap:** O que você disse?
**KLM F/O:** O Pan Am ainda não liberou a pista?

## PARTE V - PROCEDIMENTOS DE EMERGÊNCIA

O Comandante e o primeiro oficial, absortos na decolagem, responderam ao engenheiro de voo quase em uníssono:

**KLM Cap e F/O:** Ah, sim!

No meio dessa fraseologia muito louca, ninguém vendo nada na pista por causa do nevoeiro, os tripulantes da Pan Am ficaram alarmados com a transmissão do KLM e com o fato de ainda estarem taxiando pela pista em uso. Como se estivessem sentindo o perigo que corriam, quiseram sair dali o mais rápido possível.

**Pan Am Cap:** Vamos sair daqui!
**Pan Am F/O:** O KLM está ansioso, não está?
**Pan Am F/E:** Depois de nos retardar por mais de uma hora e meia, agora ele está com pressa!

Neste mesmo momento, o comandante Grubbs começou a perceber em meio ao nevoeiro, a luminosidade originada pelos faróis de decolagem do 747 da KLM, avançando a mais de 200 km/h diretamente contra o jato que ele comandava. Após um segundo de hesitação, ele gritou.

**Pan Am Cap:** Está lá... olha para ele lá esse... esse filho da mãe vem para cima da gente!

O copiloto Bragg começou a gritar para Grubbs, como se pudesse, com seu desespero, tirar os jatos da inevitável colisão:

**Pan Am F/O:** Saia da pista! Saia! Saia!

Grubbs encheu as mãos nos manetes do 747 da Pan Am, ao mesmo tempo que virava a bequilha para a esquerda, na tentativa de levar o 747 para o gramado adjacente. Ao fazer isso, acabou ficando num ângulo de quase 45 graus com o eixo da pista e com o 747 da KLM. Na cabine do jato da KLM, neste exato momento, o primeiro oficial Meurs cantava a velocidade de decisão, V1, indicando a Van Zanten que a partir daquele instante, a decolagem não poderia mais ser abortada. Mais quatro segundos e Van Zanten olhou para fora. Foi quando ele viu o 747 azul e branco da Pan Am atravessado de lado, a menos de 500 metros adiante. Sua reação imediata foi puxar o manche para trás, instintivamente, o que provocou sobre rotação e impacto da cauda do 747 com o solo.

Por pouquíssimo ele não consegue livrar o Pan Am, mas por estar muito pesado devido as 50 toneladas de combustível que ele havia abastecido, ele levantou o nariz, mas a cauda continuou arrastando no chão por 25 metros, até que ele sai quase conseguindo passar por cima, mas o trem de pouso bate no teto da Pan Am e nenhum dos 248 ocupantes do KLM sobrevivem. Dos 396 passageiros do Pan Am, apenas 61 sobrevivem, pulando da aeronave, que explodiu logo após.

No total foram 588 vítimas fatais, tornando-se o maior acidente aéreo da história até hoje. 40 anos depois o número de vítimas fatais num ano inteiro é 3 vezes menor do que esse único acidente.

Naquela época não era comum questionar a atitude do comandante, mesmo assim eles o fizeram, apesar de não ter sido suficiente.

Esse acidente mudou a relação no *cockpit* no mundo inteiro, hoje todos os membros da tripulação são encorajados a questionar o comandante e oferecer recomendações de segurança, isso se chama gerenciamento de recursos de cabine.

**PARTE V - PROCEDIMENTOS DE EMERGÊNCIA**

A comunicação mudou depois desse acidente. A fraseologia padrão passou a ser adotada no mundo inteiro, bem como o idioma inglês.

Não é permitido mais responder "ok", mas sim repetir as informações passadas para verificar que houve o entendimento.

Adicionalmente, a frase *"take-off"* (decolar) é somente utilizada quando a autorização para decolar é outorgada. Até chegar a esse momento, tanto as tripulações como a torre de controle deverão utilizar a palavra *"departure"* (partir ou partida, por exemplo, *"ready for departure"* – "pronto para partir").

A pressa do comandante era nítida pelo fato dele não ter esperado a autorização da torre. Hoje, o regulamento de descanso é programado e gerenciado de forma que o piloto nem decola se houver risco de ultrapassar o tempo de fadiga.

Mas a maior mudança foi a prevenção de incursões em pista, qualquer coisa que entre na pista indevidamente, tanto avião quanto carros, caminhões. A maioria dos aeroportos modernos possuem radar de solo para que os aviões sejam vistos na tela mesmo que a visibilidade seja zero.

Nesse acidente aprendemos que, assim como na aviação, a comunicação rádio é unilateral, na nossa comunicação duas pessoas não podem falar ao mesmo tempo.

Se os dois apertam o botão para falar ao mesmo tempo, um não ouve o que o outro está dizendo.

Quando muita gente está falando, poucos estão realmente ouvindo e correm o risco de não ouvirem informações cruciais.

Não usar a fraseologia padrão na aviação pode causar acidentes. Com você é a mesma coisa. Para ser o piloto em comando da sua vida, você precisa cuidar da sua fraseologia.

Qual tem sido a sua fraseologia?

Você usa a fraseologia padrão?

Padrão significa modelo a ser seguido; exemplo a ser copiado.

A Fraseologia padrão da sua vida deve ser de palavras boas, edificantes. Deve ser um bom modelo a ser seguido.

A melhor forma de trazer coisas à existência é pelas palavras.

Você é o primeiro a ouvir tudo o que diz e suas palavras são uma autossugestão para seu cérebro. Por isso, pare de falar coisas negativas a seu respeito, a respeito das pessoas, do seu cônjuge, dos seus filhos.

Seja um curador de palavras escolhendo com cuidado seu vocabulário.

As palavras que escolhemos determinam como vamos nos sentir.

Preste atenção às palavras que você usa. Seu cérebro é um ótimo servo e obedece a todos os seus comandos. Se você diz: "estou morto de cansado" como acha que vai se sentir? Morto de cansado. Porque você precisa ser congruente com as coisas que você fala.

Meu pai tinha problema de insônia e costumava dizer: "hoje vai ser uma noite difícil". Como você acha que era a noite dele? Não pregava o olho.

Porque ele fez uma autossugestão para a mente dele e bingo! A mente obedeceu.

A minha mãe tem um bordão que ela sempre fala nas viagens da agência dela, que é a pergunta: "Como está o nosso dia?" E as pessoas respondem: "Maravilhoso".

Não tem como não falar essa palavra sem um sorriso no rosto, cheio de entusiasmo e alegria. Só pelo fato de falar a palavra maravilhoso as pessoas já se sentem bem, porque elas precisam ser congruentes com o que acabaram de dizer e isso faz com que elas realmente tenham um dia maravilhoso.

## PARTE V - PROCEDIMENTOS DE EMERGÊNCIA

Aprenda a falar o que ainda não é como se já fosse, mesmo que as circunstâncias estejam totalmente contrárias.

Se você tem dificuldade de dormir, mude sua fraseologia. Diga que você vai dormir bem, que vai acordar com as energias recarregadas, que vai ter um sono profundo e reparador. Eu gosto de recitar Salmos 4:8 que diz: "Em paz me deito e logo pego no sono, porque, Senhor, só tu me fazes repousar seguro".

Os pensamentos que você tem nos vinte minutos antes de dormir reverberam durante a noite e no outro dia.

Noites maldormidas são problemas não resolvidos. Você precisa se desconectar das mensagens, das preocupações, dos problemas. Comande com a sua boca: "Eu me desconecto de toda preocupação agora".

Visualize como você vai acordar, sinta como você vai estar, dê um comando para a hora que você quer acordar. Já aconteceu com você de falar que quer acordar tal hora e, como uma mágica, acorda sem despertador naquele horário exato? É porque você deu o comando.

Se você diz frases como "tudo dá errado pra mim", "a vida é difícil", "nunca vou dar certo", pare agora com isso. Como sua mente é uma ótima cumpridora de tarefas, ela sempre vai trabalhar duro para confirmar tudo aquilo em que você acredita.

Um homem sempre dizia frases como: a vida é curta. Resultado: morreu jovem de câncer.

Quando não conseguir fazer algo, diga "ainda".

Nos Estados Unidos, eles dizem *"make money"* que significa fazer dinheiro. Aqui falamos ganhar dinheiro. Percebe a diferença? Lá eles têm a postura de autorresponsabilidade. A linguagem muda tudo. Pare de fazer brincadeiras com a falta de dinheiro.

Não use a fraseologia para fazer fofoca, falar mal dos outros. Elimine esse hábito da sua vida. Uma boa fofoca morre nos ouvidos de quem a ouve.

O que sai da nossa boca é tão poderoso que a bíblia a compara ao leme de um navio. O leme, mesmo sendo pequeno comparado ao tamanho do navio, é o que o direciona.

O avião também tem leme, chamado também de leme de direção. A língua é o leme do seu avião. O que você fala direciona o seu voo.

O que sai da sua boca comanda o leme e muda a proa do avião. Sua língua tem que trazer vida.

Não menospreze o poder da fraseologia padrão.

## *Mayday*

Pan-pan e *Mayday* são as duas expressões que o piloto utiliza para avisar que está em perigo. Isso garante que ele tenha prioridade no tráfego, no pouso e faz com que ele receba o máximo de ajuda possível.

Detalhe, ele repete 3 vezes: Pan-Pan-Pan ou *Mayday-Mayday-Mayday*.

Ele precisa dizer essas palavras antes de qualquer comunicação sobre sua emergência.

A expressão *Mayday* vem do francês *"m'aidez"* e significa me ajude. Quando um avião se encontra numa situação de emergência, ele pede ajuda.

Um avião não passa por uma emergência sozinho. A primeira coisa que ele faz é declarar emergência para todo mundo na fonia ouvir.

Pan-pan é usada quando a aeronave estiver passando por uma situação de emergência grave. E *Mayday* é utilizada em situações de risco extremo, como falha completa do motor, por exemplo.

Você não precisa passar pela emergência sozinho. Busque ajuda. Grite *Mayday* na fonia. Permita ser ajudado. Não espere ser tarde demais. É logo no início da emergência que o piloto avisa que está em perigo. Peça ajuda o quanto antes.

## A aviação nos ensina a ser antifrágil

O caos o prepara para algo maior. A aviação cada dia se torna mais forte porque ela se beneficia do caos. Ela aprende com suas experiências mais dolorosas e sai delas ainda melhor.

Não é ser resiliente, porque o resiliente passa pelo impacto, pelo problema e continua o mesmo, não se abala.

Quem pega a pane vai além, ele aprende e cresce com o caos, ele se torna antifrágil.

É o caos que o leva para lugares altos.

Sabemos que não é nada gostosinho atravessar os momentos de caos da nossa vida, mas quando você entender que é isso que vai prepará-lo para algo maior você vai passar por esses períodos com mais sabedoria.

Assim como o ouro precisa passar pelo fogo para virar ouro puro, para eliminar as impurezas, nós também precisamos passar pela prova, para tirar de nós o que temos de melhor.

São os piores dias que o levam aos melhores dias.

Na pista de pentatlo da AFA tinha uma frase que dizia: "É bom porque é ruim, seria melhor se fosse pior".

Não é que eles gostem de sofrer, mas sim que sabem que a dor promove crescimento.

Comece a transformar as tragédias da sua vida em oportunidades de crescimento. Todas as nossas experiências, boas ou ruins, são positivas quando escolhemos aprender com elas.

Comece a pensar que você nunca perde. Ou você ganha ou você aprende.

**SÓ ENFRENTA TURBULÊNCIA QUEM VOA.**

## Turbulência não derruba avião

Você está dormindo tranquilamente quando de repente toma um chacoalhão e ouve o aviso de afivelar os cintos: "Atenção tripulação estamos atravessando uma área de turbulência".

Certamente, essa não é a forma mais agradável do mundo de se acordar, mas a verdade é que funciona! A turbulência o acorda.

As turbulências que enfrentamos na vida servem para nos tirar da inércia, para nos despertar.

Mas quando acende a luz de apertar os cintos, como você reage?

Fica com medo? Se desespera? Começa a ficar preocupado?

Calma, respira. Turbulência não derruba avião.

Não se assuste com a turbulência, ela é temporária. Logo ali na frente tem um céu limpo e sem nuvens. Enxergue lá na frente, com a sua visão de águia e não a visão de galinha que só vê o que está imediatamente à sua frente.

Confie que isso é passageiro, que é uma preparação para o seu próximo nível de voo.

A turbulência não vem para o derrubar, ela vem para construir uma versão sua mais forte se você for antifrágil.

Ser antifrágil é não desistir no primeiro não, é não se abalar com as críticas, é não baixar a cabeça para a primeira dificuldade.

Aqueles que suportam a turbulência não desistem facilmente. Vai ser difícil, doloroso, mas dentro de você tem que ter a certeza de que isso vai passar e que algo incrível está vindo pela frente.

Não dê ouvidos ao desespero. Dê ouvidos à esperança, confie que você vai sair dessa turbulência para o céu CAVOK.

É no meio da turbulência que surge a vida, a vontade de viver de propósito, de parar de aceitar o chão enquanto se pode voar.

Eu não sei qual é a turbulência que você está passando, mas dela vai surgir a vida. Se José não tivesse sido vendido pelos seus irmãos, ele não teria resgatado sua família na época de maior fome. Foi a turbulência de ter ido para o fundo do poço que o levou ao palácio.

A turbulência é o megafone de Deus. É um chamado ao seu despertar. É durante a turbulência que Deus trabalha melhor, porque é nela que Ele recebe nossa maior atenção.

Uma coisa importante enquanto você estiver vivendo a turbulência é não reclamar, pois a reclamação torna a jornada da vida mais difícil que o necessário.

Passe pela turbulência sem reclamar, com a certeza de que ela levará você para o seu próximo nível.

# VI
AD ASTRA

## PARTE VI - AD ASTRA

## No alto a vida é mais leve

Não se espante com a altura do voo, quanto mais alto mais longe do perigo.

É preciso mudar de nível. Quanto mais alto você está, mais leve a sua vida fica.

Sabe por que o avião depois que decola sobe tão alto? Porque quanto mais alto menos combustível ele gasta.

Quanto maior a altitude menor a resistência do ar. Então ele voa mais rápido, gasta menos combustível, consequentemente o voo é bem mais econômico a grandes altitudes.

Do alto, as dificuldades parecem pequenas. Precisamos nos distanciar, olhar de fora, do alto, e o problema já não parecerá tão grande assim.

## E quando não puder pousar de primeira, faça uma órbita de espera

Pode ser que ao chegar nas proximidades do seu destino, você não consiga pousar direto. Talvez algum impedimento esteja bloqueando a pista ou outras aeronaves estejam na prioridade.

Para isso, existe a órbita de espera, que é quando o avião fica aguardando a liberação do seu pouso, fazendo uma rota em formato oval nas proximidades do aeródromo.

Quando isso acontecer, fique tranquilo. A espera faz parte do voo. Nem sempre o pouso é de primeira, mas ele vai acontecer.

Confia que a espera é importante para evitar colisão.

Agora sim, o pouso.

Trem baixado e travado.

## Toda decolagem é opcional, todo pouso é obrigatório

> *"Quando você tiver provado a sensação de voar, andará na terra com os olhos voltados para o céu, onde esteve e para onde desejará voltar."*
> **Leonado Da Vinci**

É, não foi um voo fácil. Você precisou se despir de algumas verdades para alcançar o voo da liberdade.

Passou por turbulências, quedas de altitude e até algumas mudanças de rota, mas com persistência você chegou ao destino.

Final? Ou seria começo?

É só o começo de uma nova jornada. A jornada da sua liberdade. Você voou. Esse é o primeiro de muitos pousos que você fará em quantos destinos sua imaginação quiser.

Eu desejo que o chão nunca seja seu destino, mas apenas uma escala para o próximo voo.

Voar não é apenas deslizar no céu. Voar é bater as asas da liberdade, é levar pouca bagagem, é nunca parar de sonhar. Voar é ver o que ainda não existe, é soltar o que lhe impõe limite, é ir aonde a sua alma insiste. Voar é escolher a coragem, é assumir sua identidade, é pensar com o coração. Voar não é nunca cair, mas se levantar e prosseguir, voar é mergulhar dentro de si.

Para me despedir, deixo para você um poema que fez parte de muitos pernoites embaixo dos paraboloides da AFA, o Poema Se. Esse poema me deu força quando precisei e espero que também seja força para você.

## PARTE VI – AD ASTRA

### Se

*Se és capaz de manter tua calma, quando,*
*todo mundo ao redor já a perdeu e te culpa.*
*De crer em ti quando estão todos duvidando,*
*e para esses, no entanto achar uma desculpa.*

*Se és capaz de esperar sem te desesperares,*
*ou, enganado, não mentir ao mentiroso,*
*Ou, sendo odiado, sempre ao ódio te esquivares,*
*e não parecer bom demais, nem pretensioso.*

*Se és capaz de pensar - sem que a isso só te atires,*
*de sonhar - sem fazer dos sonhos teus senhores.*
*Se, encontrando a Desgraça e o Triunfo, conseguires,*
*tratar da mesma forma a esses dois impostores.*

*Se és capaz de sofrer a dor de ver mudadas,*
*em armadilhas as verdades que disseste*
*E as coisas, por que deste a vida estraçalhada,*
*e refazê-las com o bem pouco que te reste.*

*Se és capaz de arriscar numa única parada,*
*tudo quanto ganhaste em toda a tua vida.*
*E perder e, ao perder, sem nunca dizer nada,*
*resignado, tornar ao ponto de partida.*

*De forçar coração, nervos, músculos, tudo,*
*a dar seja o que for que neles ainda existe.*
*E a persistir assim quando, exausto, contudo,*
*resta a vontade em ti, que ainda te ordena: persiste!*

*Se és capaz de, entre a plebe, não te corromperes,*
*e, entre Reis, não perder a naturalidade.*
*E de amigos, quer bons, quer maus, te defenderes,*
*se a todos podes ser de alguma utilidade.*

*Se és capaz de dar, segundo por segundo,*
*ao minuto fatal todo valor e brilho.*
*Tua é a Terra com tudo o que existe no mundo,*
*e - o que ainda é muito mais - és um Homem, meu filho!*

**Rudyard Kipling**

## DEBRIEFING

*"Melhor é o fim das coisas do que o princípio delas."*
**(Ec 7:8)**

Quando o voo chega ao final, instrutor e aluno se reúnem para o *debriefing*. Nesse momento, todo o voo é repassado, destacando-se as partes boas, pontuando as ruins e verificando o que será feito diferente. Tudo isso para que haja uma única coisa: a melhoria contínua. O objetivo de cada voo é fazer com que o outro seja melhor.

Chegou a hora do *debriefing* do nosso voo duplo.

Parabéns por chegar até aqui.

Você assumiu seu lugar de piloto da própria vida.

Você demonstrou muita coragem em destravar os comandos e retirar todo aquele excesso de peso do seu avião.

Mostrou muita determinação na decolagem e ousadia em escolher o nível de voo mais alto.

## PARTE VI – AD ASTRA

Pode melhorar na execução dos exercícios, pois eu vi que alguns você pulou e deixou para fazer depois. Volta lá e faz, viu?

E, principalmente, você agiu com calma e pegou bem aquela pane a baixa altura que apareceu aos 45 minutos do nosso voo.

Uma guerra se ganha primeiro pela supremacia aérea. Nunca esqueça que o seu lugar é nos céus.

## MACTE ANIMO
## AD ASTRA

## A verdadeira liberdade

> *"Libertei mil escravos, teria libertado mais mil se eles soubessem que eram escravos."*

O voo é liberdade. Mas o que é liberdade pra você?

Liberdade é voar por espaços que vão ao encontro dos nossos sonhos.

Mas existe uma liberdade que precede todas as outras. Uma liberdade que não depende de nenhuma condição.

É a mesma liberdade que fez Paulo e Silas cantarem na prisão. Que fez Viktor Frankl sobreviver a um campo de concentração. Que fez Daniel e seus amigos andarem na fornalha.

A verdade.

Se o filho vos libertar verdadeiramente sereis livres (Jo 8:36).

É essa liberdade que eu desejo para você.

Ninguém pode tirar sua liberdade. Foi Cristo quem lhe deu. O que você precisa fazer é convidar Jesus para entrar no seu avião.

Foi para a liberdade que ele o chamou.

Mas os que esperam no Senhor renovarão as suas forças; subirão com asas como águias; correrão, e não se cansarão; andarão, e não se fatigarão (Is 40:31).

## Compartilhe o seu voo

O desenvolvimento pessoal só faz sentido quando aplicado na vida do outro.

Por isso, se este livro o ajudou a destravar seus comandos, se fez você ter aerodinâmica para voar, compartilhe com alguém que também sonha com o voo.

## Continue voando comigo:

YouTube   Instagram   Podcast